아이와 나는 한 팀이었다

아이와 나는 한 팀이었다

최성현 지음

" 성적의 가속도를 올리는 엄마 아이 팀워크 "

위즈덤하우스

'나란히' 가야
'멀리' 갈 수 있습니다

오늘도 아이와 작은 실랑이를 벌이셨나요? 숙제하기 싫다고 떼 쓰는 아이 때문에, 수학 문제가 너무 어렵다고 우는 아이 때문에 어찌해야 할지 몰라 마음 아프셨나요?

상담을 진행하다 보면 아이와 부모의 관계가 이미 어긋날 대로 어긋난 채 오는 경우가 많습니다. 부모님들은 아이와의 관계 회복 방법을 몰라 답답해합니다. 속을 알 수 없는 아이와 어떻게 대화하고 마음을 이끌어가야 할지, 어릴 때는 순하게 말을 잘 듣던 아이가 지금은 왜 이렇게 엄마 손길을 거부하는지 속상합니다.

그런 부모님들의 고민을 가만히 듣고 있으면, 몇 가지 공통점이 발견됩니다. '관계 회복'보다 '공부', '성적'에 더 우선순위를 두고 있다는 것, 아이의 성향과 수준을 정확히 모른 채 정형화된 교육에 아이를 억지로 끼워 맞추고 있다는 것입니다. 어떤 대단한 학습 전략도 부모와의 관계가 좋지 않으면 아무 소용 없다는 것을 그들은 이해하지 못합니다.

저는 상담받으러 온 학부모 차량이 도착하면 일부러 나가서 맞이합니다. 마중을 놓치면 돌아갈 때라도 꼭 배웅을 나갑니다. 차를 타고 내리는 부모와 아이의 모습이 상담의 중요한 '키key'가 되기 때문입니다. 가령 뒷좌석에서 심드렁하게 혹은 잔뜩 굳은 표정으로 내리는 아이를 볼 때, '이 아이는 엄마와의 소통을 거부하는구나'라는 힌트를 얻을 수 있습니다. 사춘기 아이들은 특히 부모의 관심을 부담스러워합니다. 이 아이들이 뒷좌석에 앉자마자 잠든 척을 하거나 이어폰을 꽂는 건 피곤하거나 음악이 듣고 싶어서가 아닙니다. '엄마(아빠)랑 대화하기 싫어'라는 강렬한 사인이지요. 심리적으로 안정되고 자신감이 넘쳐서 부모와 더 많은 소통을 원하는 아이라면, 굳이 먼저 요구하지 않아도 옆자리에 앉고 눈을 마주치고 대화하려 할 겁니다. 벽을 치는 아이에게 "여기 와서 앉아봐", "엄마랑 얘기 좀 해"라고 강요한들 일회성 잔소리에 그치지 않습니다.

그렇다면 아이가 자연스럽게 부모와 눈을 마주치고 얘기하는 날은 언제 올까요? 노력한 만큼 성적이 올라서 부모에게도 인정받고 싶을 때, 힘든 일을 털어놓고 싶을 때 아이들은 부모에게 먼저 다가갑니다. 단, 이것은 아이의 자존감이 회복되고 부모가 자신을 온전히 지지하고 사랑하고 있다는 믿음과 감사가 있어야만 가능한 일입니다.

저 역시 아이가 조수석에 앉아주기를 말없이 기다려준 시절이 있었습니다. 이제 아이는 차를 탈 때마다 자연스럽게 제 옆자리에 앉습니다. 먼저 말을 붙이지 않아도 자신의 고민과 미래를 술술 이야기합니다. 뒤통수에 대고 웅얼대듯 말하던 아이의 목소리가 오른쪽 귀로 선명하게 들립니다. 오랜 기다림 끝에 처음 아이가 제 옆자리에 올라타던 날, 아이의 표정을 보면서 이야기를 들을 수 있다는 것이 얼마나 기쁘던지요.

학습·진로 컨설팅에서 제가 가장 중요하게 생각하는 것은 '관계의 회복'입니다. 순조로운 소통은 건강하고 공평한 관계 속에서만 이루어지고, 아이가 뭘 원하는지, 뭘 좋아하고 잘하는지, 어떤 고민을 하고 있는지는 그 소통을 통해야만 알 수 있습니다. 그것이 내 아이를 알고, 내 아이에게 맞는 미래를 그리고, 그 미래에 필요한 전략을 수립하는 첫걸음입니다.

아이를 정확히 파악하고 그에 맞는 공부를 시킨다면 지금 겪고 있는 갈등은 반 이상이 줄어들 겁니다. 엄마와 아이가 같은 의욕을 품고 같은 곳을 바라보며 나란히 걸어갈 수 있습니다. 부모가 혼자서 성큼성큼 앞서나가면 아이는 뒤따라가다가도 지쳐서 주저앉아버립니다. 아이가 걸음을 멈추었다면, 아이의 손을 억지로 잡아끌지 말고 같이 걸음을 멈춰주세요. 손을 잡고 눈을 마주치고 아이의 마음을 읽어주세요.

가장 나쁜 교육은 아이에게 맞지 않는 교육입니다. 그리고 세상 모든 아이에게 똑같이 좋은 교육은 없습니다. 이제 막 연필을 잡기 시작한 초등 아이의 학습에 엄마의 전략이 절실히 필요한 까닭입니다. 모두가 한다고 따라 하는 방법으로는 아이의 학습 의욕, 능력, 가능성을 결코 제대로 키울 수 없습니다. '내 아이가 꼭 해야 하는 것'과 '잘할 수 있는 것', '할 수 없는 것'을 잘 조율해나가야 합니다. 섣부른 판단과 포기, 단정 짓기, 초조함을 버리고 아이를 바라보세요. 세상 누구도 아이에게 부모만큼의 사랑과 관심을 줄 수 없습니다. 아무리 비싸고 질 좋은 교육이라도, 거기엔 획일화된 평가만 있을 뿐, '내 아이를 향한 애정'은 전제되어 있지 않습니다. 평가는 세상에 맡기고, 과정을 함께하시기 바랍니다.

아이 스스로 부모의 옆자리로 다가와 앉는 날이, 이 책을 읽는 모든 부모님에게 오기를 바랍니다.

최성현

차 례

1장

모두에게 통하는 공부 전략은 없다

2장

내 아이에게 최적화된 학습 로드맵 찾기

3장

엄마와 아이의 팀워크를 망치는 말실수

(모두에게 통하는
공부 전략은 없다)

"

지금 이 순간에도 많은 학부모가 '대치동 드림'을 이루기 위해
이곳저곳을 기웃거린다. 오직 최고를 지향하는 엘리트들의 선택에 어떻게든
한 발 담가보고 싶다면, 이제 그만 그 펄럭거리는 귀를 접고
현실에 눈뜨기 바란다. 막연한 기대와 환상에 속아 지갑만 털리고
후회하지 않으려면, 사교육 1번지 대치동의 현실을 똑똑히 알아야 한다.
엄마들의 불안과 욕망이 어떻게 지금의 거대한 사교육 공룡을 키워왔는지,
그 실체를 만나보자.

"

사교육에 속고
돈에 우는 부모들

"이제 와서 다시 내려가는 건 말도 안 돼요. 내가 어떻게 여기까지 왔는데."

사면초가에 빠진 A씨의 표정. 내게는 너무나 익숙한 얼굴이다. 그녀는 몇 달 전, 지방에서 아이와 단둘이 대치동으로 이사했다.

반지하 좁은 방에 책과 가구를 꾸역꾸역 집어넣던 이삿날을 그녀는 잊지 못한다. 황망했지만 꿈에 부풀어 있던 그날을. 지방에서 분양받은 40평대 새 아파트에서 남부럽지 않은 여유를 즐기던 A씨가 해도 안 드는 그 방으로 이사 온 건 오로지 아이, 아이의 입시 때문이었다.

지방에서 아무리 날고 기어봤자 요즘 명문대는 죄다 강남, 서초 아이들만 입학한다는데, 이대로 가다가는 명문대는커녕 인서울도 힘들 게 뻔했다. 입시에 대해 알지도 못하는 남편은 '가족끼리 생이별하면서까지 이래야겠냐'며 마지막까지 설득하려 했지만, '남들은 기러기 아빠가 돼도 아이 교육을 위해서라면 해외 조기유학까지 보낸다'고 역으로 받아치고 올라왔다.

우선 대치동에서도 제일 유명하다는 학원 리스트를 뽑아놓고 학원 투어를 시작했다. 전에 살던 데서 평균 이상의 성적은 받던 아이는 테스트를 받는 족족 불합격 통보만 받았다. 테스트에 지친 아이는 점점 짜증이 늘고 무기력해져갔다. 전학 후 치른 첫 시험에서는 생전 처음 받아본 점수에 충격을 받았는지 하루 종일 방문을 닫고 나오지 않았다. 겨우 아이를 달래 일단 어디든 들어갈 수 있는 학원에 가서 공부하면서 실력을 키워 다시 테스트를 보자고 설득했다. 그렇게 시간이 흘러갔다. 시간만 흘러갔다.

지금 아이가 다니는 학원은 전국 어디에나 있는 수많은 프랜차이즈 학원의 '대치점'. 전에 다니던 학교에서보다 내신 등급은 더 떨어졌다. 숱한 반대를 무릅쓰고 여기까지 왔는데 모든 게 최악이다. 아이는 방에서 곰팡이 냄새가 나서 공부를 할 수가 없다며 자꾸만 밖으로 나돌고, 남편은 이제 그만 정리하고 돌아오라고 매일같이 화를 낸다. 이제 와서 다시 내려오라니, 안 될 말이다. 죽이 되든 밥이 되든 어떻게든 버텨야 한다. 여기는 사교육 1번지 대치동이니까. 어떻게든 길을 찾을 것이다.

이게 바로 대치동 낡은 빌라들을 가득 메운 엄마들의 현주소다. 이곳 빌라는 전세금 5억을 들고 와도 전에 살던 곳보다 주거의 질은 훨씬 떨어지지만 그마저도 없어서 못 들어온다. 난방도 제대로 안 되고 녹물이 나온다는 은마아파트는 월세를 주고라도 들어오겠다는 세입자가 줄을 섰다. 사교육 1번지 대치동에 가면 뭐라도 도움 되지 않겠냐는 막연한 기대 속에 강북에서, 지방에서 몰려드는 학부모들이 넘쳐난다.

돈 싸들고 대치동에 왔으니 아이의 성적이 쑥쑥 오를 것 같지만 천만의 말씀. 대치동 학원가가 유명한 건 수업료가 비싸서가 아니라 가르치는 선생님의 학벌이 높고 배우는 아이들의 수준이 높아서다. 말 그대로 '잘하는 아이들'만 받는다는 것이다. 아무리 돈이 많아도 악명 높은 레벨 테스트를 통과하지 못하면 학원에 등록조차 할 수 없다. 대치동 드림을 이루려면 돈이 아니라 실력이 필요하다. 출발점 자체가 다른 것이다.

레벨 테스트에 떨어진 아이들은 결국 해법교실이나 윤선생영어교실 같은 프랜차이즈 학원으로 흘러간다. 프랜차이즈의 특징이 뭔가. 어느 지점을 가도 균일한 품질을 보증받는다는 것이다. 몸만 대치동에 있을 뿐 달라지는 것은 없다. 그럴 거면 왜 굳이 주거의 질, 부모의 노후도 포기하고 가족들과 생이별까지 하면서 있는 돈 없는 돈 다 긁어모아 거기까지 가야 할까.

프랜차이즈 학원을 다녀서라도 실력을 키워 다시 레벨 테스트에 응하고 톱리스트 학원에 등록할 수 있다면 천만다행이지만, 그런 경우는 매우 드물다. 끊임없는 희망고문으로 아이도 부모도 지쳐가다가 입시를 맞이하는 경우가 태반이다. 내신 성적의 빈부 격차는 점점 더 벌어진다. 대치동 하위권을 든든하게 받쳐주며 '원래 잘하던' 상위권 아이들의 상대적 등급만을 높여주다가 끝나는 것이다.

대치동에 왔으니 적어도 인서울 대학은 가지 않겠냐며 버티는 건 미련한 짓이다. 잘하는 아이들만 모인 곳에서 5등급을 받으니, 평범한 수준의 학교에서 3등급을 받는 게 현명하다. 중요한 건 내 아이가 지금 '어디에 속해 있느냐'가 아니라 '어디서 가장 유리한 자리를 확보할 수 있느냐'다. 왜 잘하는 아이들 사이에 있으면 우리 아이도 잘하게 될 거라고 생각하는가? 잘하는 아이들이 많다는 건 그만큼 경쟁 수준이 높다는 얘기고, 아이가 설 곳은 점점 더 좁아진다.

이것이 바로 '대치동 절망편'이다. 희망과 환상에 이끌려 구체적인 계획과 전략 없이 사교육 대열에 합류한 이들이 맞이하는 슬픈 결말이다. 공부는 돈으로 할 수 없다. 강남, 서초 출신 아이들이 명문대에 진학한다고 해서 돈은 곧 성적, 성적은 곧 입시의 성공과 부의 획득으로 이어진다는 착각에서 벗어나야 한다. 언제까지 돈은 돈대로 쓰고, 상위권 아이들의 등급만 올려주는 내신 들러리만 할 텐가?

정말 안타까운 경우는 집도 가난하고 기회도 없는데 자꾸 세상 탓을 하는 것이다. 그렇게 자신의 기회를 더 좁게 만들고 '이번 세대는 스스로 먹고살기 힘든 세대'라며 도전하지 않는 것이다.

집이 가난하면 꿈이 가난하다고들 한다. 가난을 타고났으니 꿈조차 꾸기 어렵다는 생각으로 일찍부터 자포자기하고, 그 무기력을 자녀 세대에게까지 대물림한다. 가난을 극복하고 자신이 꿈꾸는 미래에 가까이 가 닿을 수 있는 첫 번째 길은 돈만으로 되지 않는 전략과 요령을 실천하는 일이다.

강남 출신 아이들이 명문대에 진학한다는 결과만을 보고 내 아이도 강남으로 데려가겠다고 할 게 아니라, 그곳 아이들이 어떻게 명문대에 진학하는지 구체적인 구조를 들여다봐야 한다. 강남 아이들이 돈이 많으니까 좋은 사교육을 받을 것이고 좋은 사교육이 명문대로 이끌었다는 논리로 판단해서는 안 된다. 그 안에는 우리가 아는 것보다 훨씬 복잡하고 견고한 배경이 깔려 있다. 어쩌면 아무리 노력해도 결코 가닿지 못할 거대한 벽일지도 모른다. 그 벽을 현실적으로 넘어설 수 없다면, 우리는 공부에 대해 남들과 다른 전략으로 접근해야 한다.

현실판 '스카이 캐슬'의
공식 루트

모든 건 백화점 문화센터에서 시작됐다.

아이를 낳고 키우면서 온종일 아이와 단둘이 시간을 보내다 보면 엄마들은 미칠 지경이 된다. 아이는 더없이 예쁘고 사랑스럽지만, 누구 하나 대신 말동무해줄 사람도 없고 육아와 동시에 집안일까지 도맡아야 하니 잠시도 쉴 틈이 생기지 않는다. 두 돌 미만의 어린아이를 어린이집에 맡기기도 부담스럽고, 엄마도 엄마가 처음이니 아이와 어떻게 놀아줘야 하는지 몰라 우왕좌왕한다. 이때 엄마들 앞에 등장한 구원자가 있었으니, 바로 백화점 문화센터다.

국내 유수의 백화점들은 고객 유인책의 일환으로 백화점 내에 문화센터를 개설했다. 주부들을 대상으로 한 각종 문화강좌를 비롯해 '아이와 함께하는 유아체조', '놀이교실' 등의 이름으로 각종 강좌가 열리자 집 안에 갇혀 있던 주부들이 바깥으로 나오기 시작했다. 주부들은 그곳에서 아이와 놀아주는 방법도 익히고, 비슷한 고민을 가진 또래 엄마들도 만나게 된다. 집 안에서 벗어나 사회적 관계를 맺기 시작하자 육아와 교육에 대한 정보가 폭발하듯 터져 나온다.

처음에는 아이가 보챌 때 어떻게 해야 하는지, 병원은 어디가 좋은지, 이유식은 뭘 먹이는지, 좋은 식재료는 어디서 사는지 정도의 생활 정보들을 나누다가, 점차 한글은 언제 가르쳐야 하는지, 유치원은 어디가 좋은지, 영어는 언제 시작하는 게 좋은지, 영어학원은 어디를 보내야 하는지 등의 교육 정보들로 확장된다. '남들은 이렇게 저렇게 한다는데 나도 그렇게 해야 하는 건 아닐까?', '누구네 아이는 두 살 때 한글을 읽었다는데 우리 아이는 너무 늦은 게 아닐까?', '내가 아이를 방치하고 있는 게 아닐까?', '내가 아이의 미래를 망치고 있는 게 아닐까?'……

작은 고민들은 곧 거대한 불안으로 번져간다. 이렇게 백화점 문화센터를 통해 형성되기 시작한 엄마들의 네트워크가 강남 사교육

시장을 장악하기까지는 그리 오랜 시간이 걸리지 않았다.

특목고에 가기 위해 국제중을 가고 국제중을 가기 위해 사립초에 가고 사립초에 가기 위해 영어유치원을 가고 영어유치원에 가기 위해 영어 과외를 받고 영어놀이학교에 간다는 얘기는 더 이상 도시괴담이 아니다. 강남 엄마들의 엘리트 교육 코스라 여겨지는 이 과정은 무려 3세부터 시작된다.

영어를 빨리 시작할수록 좋다는 믿음은 영어유치원을 탄생시켰다. 영어유치원의 교육 커리큘럼은 미국 프리킨더 과정과 교재를 그대로 따오는데, 영어를 모국어로 하는 아이들의 유치원 교재를 따라가려면 기본적으로 알파벳을 알고 말하기가 가능해야 한다. 그러니 영어유치원에 입학해서 수업을 따라가려면 그 이전의 학습이 필요해진 것이다.

'애플트리'로 대변되는 영어놀이학교는 '명문' 영어유치원 입학을 희망하는 엄마들의 욕망에 의해 탄생했다. 레벨 테스트도 없는 '일반' 영어유치원이 아닌, 테스트를 통해 등급을 나눠 수준별 학습을 시킨다는 PSA나 게이트 영어유치원에 입학하려면 시작은 '애플트리'여야 하는 것이다. 일종의 어학학원인 애플트리는 기본적인 알파벳과 간단한 단어를 미리 학습해 유치원 입학 테스트를 대비한다. 엄마들의 고민은 단순히 명문 영어유치원 입학에 성공하느냐, 못 하느냐의 문제가 아니다. 레벨 테스트에서 얼마나 높은 등급을 받아 상급반에 들어가는지가 더 중요하다. 입학은 했지만 하급반에 배정된다면 그것은 그것대로 불안한 일이다. 만약 레벨 테스트 결과가 좋지 않다면, 이 아이들은 다시 영어유치원에서 상급반으로 올라가기 위한 별도의 과외수업을 받기도 한다.

한 달에 140만 원에서 180만 원가량의 학비를 내면서까지 명문 영어유치원에 입성하려는 데에는 또 다른 이유가 있다. 3세부터 시작되는 이 코스를 어디서 시작하느냐에 따라 앞으로의 인맥과 각종 교육 정보 등이 좌우되기 때문이다. 애플트리 출신은 PSA나 게이트 영어유치원에서 다시 만나게 되고 이들은 자연스럽게 경복초나 한양초, 계성초, 영훈초 같은 명문 사립초등학교에서 인연을 이어간다. 결국 국제중, 특목고, 자사고 그리고 SKY 혹은 아이비리그까지 이어지는 '공식'은 철저하게 자신들만의 성 안에서 실현된다.

'대치동'이 상징하는 사교육 시장에는 자수성가한 부모 세대가 자신의 부를 자녀 세대에게 물려주기 위한 치열한 욕망이 깔려 있다. 대대로 부를 물려받은 전통적인 부자 계층은 그렇게까지 안달하며 애쓰지 않아도 자연스럽게 축적된 부가 아래 세대에게 대물

림될 것이다. 그러니 같은 영어유치원이라도 운동과 놀이를 통해 영어를 자연스럽게 접하며 학습하는 다른 방향의 유치원을 선호하는 경향이 있다. 굳이 국제중이나 특목고를 가지 않아도 된다. 어릴 때 적당히 교육시키고 일찌감치 유학을 보낼 재력이 있기 때문이다. 이들에게는 경제적·정서적 여유가 있으므로 자신이 가진 부를 자녀 세대가 이어받지 못하면 어떡하나 전전긍긍할 필요가 없다. 그들에게 부는 당연한 것이니까.

그리고 비록 그들만큼의 재력은 없으나 그들의 방식을 좇으면서 그들과 같은 높이에서 세상을 바라보고 싶은 이들은 점점 더 교육에 열을 올린다. 부모 자신이 그랬던 것처럼 학벌은 곧 부로 이어질 것이라는 믿음이 이들의 교육열을 더욱 부추긴다. 조금이라도 어릴 때 영어를 접하게 하고, 조금이라도 빨리 선행학습을 시켜서 내신 성적을 올리고, 사립초에 보내서 어울리는 친구들의 수준도 남달랐으면 하는 것이다. 그럴수록 사교육 시작 연령은 점점 더 낮아지고 아이들은 놀이 환경보다 학습 환경에 더 빨리 노출된다.

영어유치원으로 촉발된 열기는 다음 과목으로 이어진다. 모든 아이가 영어유치원에서 성공적으로 영어를 배우게 되는 것은 아니지만, 그곳에서 학습이 잘되었다면 엄마들의 관심은 바로 우리 모두의 꿈, '수학'으로 옮겨간다. 언어가 되니까 수학으로, 수학이 되니까 과학으로, 하나씩 과목을 넓혀가며 좀 더 많은 학습의 기회를 주려고 하는 것이다.

영어 실력이 어느 정도 자리 잡은 아이들은 6~7세가 되면 웬만한 영어동화책은 줄줄 읽으면서 사고력수학을 시작한다. 소마와 CMS학원으로 대표되는 사고력수학은 단순 연산이나 공식을 적용하는 것이 아니라 다양한 방식으로 문제를 해결하는 수학이다. 가령 16+17이라는 덧셈을 흔히 아는 세로식으로만 푸는 것이 아니라 완전수를 만들어서 빼기와 더하기를 하거나 10의 자리와 1의 자리끼리 묶어서 더하는 등, 다양한 관점으로 문제를 풀 수 있도록 하는 것이다.

이 소마학원 안에서도 최상위권 아이들은 따로 모아 프리미어반으로 묶인다. 이 아이들은 사고력수학을 하면서 초등 과정의 선행학습을 시작한다. 프리미어반은 유치부에서는 톱클래스에 해당하는데, 이 반의 테스트에 합격하려면 연산을 완벽하게 해야 한다. 그래서 소마프리미어반에 들어가기 위해 다함학원 같은 연산학원을 또 다니기도 한다. 학원에 다니기 위해 또 다른 학원을 다닌다니, 정말 끝이 없다.

사고력수학이 정규 교과 과정에 없는 것은 아니다. 초등학교 2학년쯤 되면 여러 가지 문제 찾기 단원에서 등장한다. 그럼에도 취학 전부터 미리 학습시키는 데에는 이유가 있다. 언어는 타고난 재능이 없어도 훈련과 반복을 통해 어느 정도 선까지 다다를 수 있지만, 수학은 좀 다르다. 아무리 열심히 해도 못 따라가는 아이들이 있다. 그렇기에 조금이라도 더 어릴 때 뇌를 자극해서 입학 후에 수업을 잘 따라갈 수 있도록 선행학습을 시키자는 생각을 하게 되는 것이다.

영어는 조금이라도 어릴 때부터 시작해야 한다는 생각이 영어 학습 시작 연령을 점점 더 낮추고, 수학은 조금이라도 앞서 나가야 한다는 생각이 선행학습과 심화학습을 강화시킨다. 결과적으로 아이는 점점 더 어린 나이에 점점 더 많은, 그리고 심화된 학습을 강요받게 된다. 나중에 어떻게 될지 모르지만 일찍부터 시작하면 지능이 형성되기 전에 뇌를 자극해서 지능을 높일 수 있으리라는 기대가 끊임없는 사교육 수요를 만들어내고 있는 것이다.

선행학습을 시작하는
최적의 타이밍?

내 첫아이는 6세가 되어서야 유치원에 보냈다. 나 역시 엄마는 처음이라서 아이의 발달 단계나 과정을 잘 몰랐기 때문에 아이가 말이 없고 발달이 느린 것 같아서 유치원에는 조금 늦게 보내야겠다고 생각했다. 그런데 유치원에 다녀온 아이가 다음 날부터 등원하지 않겠다고 울며불며 고집을 부렸다. 너무 재미가 없다고, 선생님이 맨날 『돼지책』만 읽어주는데 지루해죽겠다고. 유치원 생활에 적응을 못 하나 싶어 근심이 깊어질 무렵, 이웃에 살던 아이의 유치원 친구 엄마가 내게 조심스럽게 이야기를 꺼냈다.

"내가 우리 큰애 친구들을 많이 봤는데…… 자기 애가 좀 이상한 거 같아."

"네? 우리 애가 이상하다고요?"

"응, 다른 애들이랑 달라. 좀 특별한 거 같아. 케이지 가서 검사 좀 받아봐."

'케이지KAGE'는 유아영재교육기관으로, 웩슬러지능검사를 실시해 아이들을 선발하는 곳이다. 지능검사 결과가 상위 3% 이내에 있는 아이들만을 선별해 영재교육을 제공한다. 물론 그때는 그런 기관이 있는 줄도, 우리 아이가 그런 검사가 필요하다는 것도 전혀 몰랐다. 첫째 아이였고 주변에 다른 비교 대상이 없었으니 그 언니가 내게 그런 조언을 해주기 전까지는 당연히 아무것도 몰랐다.

엄마는 모두 엄마 노릇이 처음이다. 그러니 주변 사람들의 조언은 그 어떤 위대한 학자들의 가르침보다 중요하게 느껴질 수 있다. 정말 다행스럽게도 내게 '아는 언니'의 존재는 아이의 인생을 바꿀 귀한 기회였지만, 많은 경우 반대일 가능성이 높다.

엄마들의 네트워크는 자칫하면 독이 된다. 엄마는 기본적으로 책임감과 동시에 죄책감, 불안감을 함께 떠안고 살아간다. 혹여 잘못된 판단으로 아이를 망칠까 봐, 제때 적절한 조치를 취하지 못해서 때를 놓칠까 봐, 아이가 원하는 것이나 필요한 것을 다 해주지 못할까 봐 늘 미안하고 혼란스럽다. 그런 상황에서 자신과 비슷한 처지의 '아는 언니'들과 고민들을 나누다 보면 그들은 내가 가장 믿을 만한 정보의 출처가 되기도 한다.

그런데 육아와 교육에 대한 자신만의 철학이 생기기도 전에 주변의 많은 정보들에 이리저리 휩쓸리다 보면 엉뚱한 착각에 빠지게 된다. 남들보다 너무 늦게 시작해서 아이가 남들만큼, 그러니까 마땅히 올라와야 하는 수준만큼 따라가지 못한다는 착각. '다른 집 애들도 다 하는 건데 왜 우리 애만 못 따라갈까', '혹시 내가 너무 늦게 시킨 건 아닐까' 하는 생각이 드는 순간, 고민을 뒤집어봐야 한다.

'혹시 내가 너무 빨리 시작해서, 아이의 현재 수준을 고려하지 않고 너무 욕심내서 애가 못 따라가는 건 아닐까?'

학원이 많고 정보는 넘쳐나니 부모들은 자연스럽게 '우리 아이도 이 나이 때는 이런 학원을 다니는 게 마땅하다'고 여기게 된다. 어느 연령까지 더 내려갈지 알 수 없는 사교육의 늪에 빠져들고 만다. 여기서 한 가지 착각에 빠지기 쉽다. 부모들은 대개 자녀가 공부를 너무 늦게 시작해서 못한다고 생각한다. 아이의 발달 단계에 맞지 않는 교육을 받아서, 즉 '너무 빨리 시작해서' 능력을 발휘하지 못할 가능성을 생각하지 못한다. 바로 이런 맹점에 빠진 엄마들이 속칭 '돼지엄마'들에게 이용당한다.

엄마들의 네트워크에서 중심을 잡지 못하면 순식간에 돼지엄마의 먹잇감이 된다. '돼지엄마'는 대치동 같은 사교육 1번지에서 아이들을 이끌고 학원가를 돌아다니는 엄마들을 일컫는 속어다. 이들은 때로 사교육 전문가나 전략가로 여겨지곤 하는데, 잘못된 생각이다. 돼지엄마는 엄마들의 리더이지 결코 아이들의 리더가 아니다. 자식을 통해 우두머리가 되고 싶은 욕망을 발현하는 이들에게 휩쓸려 다니다가는 방향을 잃고 헤매기 쉽다.

돼지엄마는 학원 시간표를 짜는 것까지 관여한다. 자신의 아이가 좋은 강사에게 수업을 받게 하기 위해서다. 수업을 받고 싶은 선생님이 있는데 수강생이 적으면 강의 편성이 되기 어렵기 때문에 수준이 엇비슷하면서도 자기 아이보다는 성적이 좀 떨어지는 아이들과 함께 그룹을 짜서 강의를 개설하게 한다. 수강료 측면에서도 이득을 본다. 가령 혼자 등록하면 300만 원짜리인 강의를 열 명을 데려가 30만 원에 수강하는 식이다.

그룹을 짤 때는 절대 돼지엄마의 자녀보다 공부를 잘하거나 뛰어난 아이를 끌어들이지 않는다. 그들의 궁극적인 목표는 자신의 아이가 내신 성적을 잘 받고 상위 등급을 유지하는 것이기 때문이다. 돼지엄마가 마음만 먹으면 학원 강의를 마음껏 개설하고 시간 표를 짤 수 있다는 것은 일종의 권력이고, 학원 입장에서는 돼지엄마의 존재 자체가 마케팅 채널이다. 돼지엄마와 학원은 악어와 악어새 같은 공생관계를 유지하며 각자가 원하는 것을 얻는다. 하지만 그 무리에 휩쓸리는 엄마들은 속절없이 통장만 털리고 원하는 것을 얻지 못하게 될 가능성이 크다.

자녀의 상태를 파악하고 약점과 강점을 분석해 학습 계획을 수립하며 목표를 수정해나가는 엄마는 전략적인 엄마다. 엄마가 스스로 단단하게 주관을 갖고 전략적인 사고를 하지 못하면, 또한 그것을 두려워한다면 돼지엄마들이 흔드는 손짓에 쉽게 응하게 된다. 돼지엄마들이 건네는 유혹 뒤엔 항상 그들의 욕망이 우선하고 있다는 것을 명심해야 한다.

그들만의 리그를
나의 리그로 만들려면

대치동 상위권 아이들은 학원이 만든 게 아니다. 이미 공부에 뛰어난 재능을 보이거나 우수한 성적을 가진 아이들, 즉 '자수성가한 전문직 부모의 자녀들'이 모이다 보니 자연스럽게 형성된 곳이 대치동이다. 동네가 좋아서, 학원이 좋아서가 아니라, '원래 뛰어난' 아이들이 모였으니 그에 맞는 수준의 학원이 들어서고, 아이들이 뛰어난 만큼 부모의 교육열도 높기 때문에 유난히 높은 사교육 수요가 있었던 것이다.

그러니 '대치동 학원에 다니는 애들은 공부를 잘하니까 우리 애도 거기만 가면 공부를 잘하게 될 것이라는 그 막연한 환상부터 깨고 시작해야 한다. 철저히 아이에게 맞춘 전략과 장기적인 계획 없이, 그저 좋다고 소문난 학원 이곳저곳을 보내면서 시간만 낭비했다가는 아이 인생에서 가장 중요한 시기를 놓쳐버린다.

남들이 하는 것을 그대로 따라 하는 건 쉽다. 쉽기 때문에 너도 나도 '잘된 케이스'를 보고 답습한다. 바로 그 '잘된 케이스'란 소수에 불과한데 말이다. 공부가 그렇게 간단한 것이라면 얼마나 좋겠는가. 아이가 크는 내내 '그들만의 리그'를 향해 맥없는 박수만 보내는 들러리가 되지 않으려면, 현실을 똑똑히 보고 깨닫기 바란다.

그리고 무엇보다, 대부분의 평범한 가정은 비싼 사교육에 아낌없이 투자할 여력이 없다. 돈이 있다면 어떤 방법이든 간편하게 시도해볼 수 있겠지만, 그럴 수 있는 가정은 많지 않다. 대치동에 가지 않고도 자녀의 학습 능력을 최대치로 끌어올리고 잠재력을 키워줄 수 있는 방법은 얼마든지 있다. 우선 엄마들이 절대 잊지 않아야 할 세 가지 원칙을 먼저 기억하자.

❶ 아이를 정확하게 파악하고 전략적으로 사고할 것

많은 엄마가 '내 아이는 내가 제일 잘 알아'라고 생각하지만, 결코 그렇지 않다. 대부분 아이를 파악하려는 노력조차 제대로 기울이지 않거나 방법이 잘못된 경우가 많다. 백 명의 아이가 있다면 백 개의 성격과 재능, 기질, 약점이 있다. 아이의 발달 단계는 참고치일 뿐, 모두가 일률적으로 같은 발달 단계와 수준을 갖는 것이 아니다. 아이의 수준과 상태를 정확하게 파악해야 그에 맞는 전략과 계획을 세울 수 있다. 따라서 아이를 제대로 관찰하는 것이 무엇보다 중요하다.

❷ 내 아이에게 가장 잘 맞는 공부 방법과 습관을 찾아줄 것

아이를 유심히 관찰하고 파악했다면 그 특성에 맞는 공부 방법과 습관을 찾아줘야 한다. 날 때부터 집중력도 좋고 능동적이며 자기 일을 알아서 척척 해내는 자립심 강한 아이라면 좋겠지만, 설령 그렇게 고마운 기질을 타고났다 해도 아이에게 잘 맞는 공부 방법을 찾을 수 있도록 도와주는 사람은 부모여야 한다. 학원 하나를 고를 때도 그렇다. 최소한 직접 방문을 해보거나 샘플 강의라도 직접 들어보는 정도의 수고를 감수해야 한다. 엄마의 노력에 따라 평범했던 아이가 수재가 될 수도 있고, 반대로 수재가 될 만한 아이가 범재가 될 수도 있다.

❸ 적절한 시기에 적절한 자극과 충분한 훈련을 이끌어줄 것

아이의 재능을 찾아주겠다며 미술, 피아노, 태권도 등 다양한 예체능 학원에 보내는 것보다 하나의 교과 학습에 집중하는 것이 낫다. 돈이 많지 않을수록 기회가 적기 때문에 적은 투자비용으로 폭발적인 효과를 얻을 수 있는 방법을 찾아야 한다. 또한 지역 봉사센터나 구청의 지원을 받는 지역 공부방 등 자원을 탐색하는 일에 게을리하지 않아야 한다. 부모의 돈과 시간은 많은 것들을 결정할 수 있지만, 그것이 학습 능력의 모든 것을 결정하지는 않는다.

공립초 VS 사립초
선택의 기준

공립초등학교는 사립초등학교와 달리 지자체가 설립하여 운영한
다. 공립초를 선택하는 엄마들은 사립초에 비해 이른 하교 시간을
선호한다. 사립초는 다양한 예체능 및 영어·수학 등 방과후 활동
들로 인해 하교 시간이 공립초에 비해 많이 늦는 데다 통학 거리까
지 고려하면 아이의 하교 시간은 늦은 오후쯤이 된다. 영재학급이
나 교육청 영재교육원 수업은 매주 평일에 진행되기 때문에, 아이
가 초등 2학년이 넘어가면서부터 사립초 학부모들의 고민이 생긴
다. 대학부설 영재교육원은 토요일에 수업해서 시간 맞추는 데는

무리가 없지만 들어가기가 힘들기 때문에, 영재학급이나 교육청 영재원을 염두에 둔 엄마들은 애초에 집에서 가까운 공립초를 선택한다.

공립초 중 일부는 혁신학교로 지정되는데, 토론과 활동 중심의 창의적이고 자율적인 교육 과정에 주안점을 두고 운영된다. 혁신학교로 지정되면 학교 운영과 교육 과정 운영에 자율성이 주어지고 예산이 지원된다. 단, 이 부분에 대해서는 학부모들의 호불호가 갈린다. 공립초의 일반적인 교육 과정을 원하는 학부모들은 학습이 아닌 창의성을 키우는 활동을 다소 낯설고 부담스럽게 받아들이는 반면, 아이를 자유롭게 교육시키는 것을 선호하는 부모들에게는 만족스러운 시스템이 될 수 있다. 다만 학교마다 교육 역량이 들쭉날쭉해서 학교 선택 기준이 모호하고, 공립의 특성상 선생님이 자주 바뀌기 때문에 교육의 질이 꾸준하게 유지되지 않을 가능성도 있다. 결국은 대학에 보내야 하기 때문에 입시를 벗어난 교육이 학업 성취도에 불리하게 작용할 우려도 있다.

사립초가 학교장 재량으로 다양한 활동을 제공하고 다양한 대회를 통해 상장을 수여하는 등, 아이들이 성취감을 느낄 만한 지원을 아끼지 않는다면, 공립초는 교내 대회들이 기본적으로 교육청의 주관 아래 진행되기 때문에 자유롭게 그러한 기회를 만들어내기가 어렵다. 대회 참가와 상장 수상의 기회가 제한적인 것이다. 방과후 교실 학습의 질도 다르다. 공립의 경우 3개 학년을 묶어서 수업하는 경우가 많은데, 한국사 수업을 4~6학년이 다 같이 모여서 한다면 격차가 너무 클 것이다. 여기서 방과후교실은 주로 부모들의 맞벌이로 인해 돌봄이 필요한 아이들을 위탁하는 개념에 가깝다. 그래서 비용은 저렴한 편이다. 사립초의 방과후교실 비용은 더 비싸지만 전문가를 초빙해 수준에 맞는 강좌를 다양하게 제공하는 편이다.

예전엔 사립초라 하면 소수의 선택받은 아이들만 보낼 수 있는 '귀족학교'라는 이미지가 강했지만, 이제는 사립초의 경쟁력도 예전만 못해졌다. 학부모들의 니즈는 점점 다양해지고 학교가 제공하는 활동만으로 만족하지 못하는 경우도 있으며 아이들의 진로도 여러 갈래로 뻗어가고 있기 때문이다. 그래서 사립초등학교도 자기들만의 경쟁력을 갖춰야 할 필요성이 대두됐다. 학교마다 특정 분야를 특화하거나 교육철학을 분명하게 확립해가면서 나름의 색깔을 만들어가기 시작한 것이다. 자녀를 사립초에 보내려고 한다면 학교별 운영 방침과 교육 특성을 두루 살펴보기 바란다. 대표적인 사립초 몇 군데만 살펴보면 다음과 같다.

- **경복초** 가풍도 좋고 재력도 뛰어난 집안의 자녀들이 주로 입학하며 전 과목 챔피언을 지향한다. 학부모들의 교육열이 굉장히 높기 때문에 숙제나 과제물의 완성도도 상당히 높은 편이다.

- **계성초** 잔디 운동장을 보유하고 있을 정도로 예체능과 언어에 특화된 교육을 한다. 명동에 있다가 반포로 이사한 뒤 서래마을과 반포 지역 엄마들에게 인기가 높아졌다. 예체능과 언어에 특화되어 있어서인지 연예인 학부모들이 선호한다.

- **영훈초** 전 과목 수업이 영어로 진행된다. 특이한 것은 원서를 아무에게나 주지 않는다는 것. 학부모 면접에서 부모의 교육철학이나 성향을 파악한 후 학교와 잘 맞는다고 판단되면 지원서를 준다.

- **충암초** 수학과 한자 경시반을 운영할 정도로 수학과 한자 분야에서는 강력한 힘을 발휘하고 있다.

- **명지초** 기독교재단이 운영하는 학교로 전인교육을 중시하며 독서 교육에 집중한다.

- **성동초** 젊은 영어교사들을 채용하고 방과후교실에 영어 교육을 다양하게 구성해 최근 학부모들 사이에서 선호도가 높다.

- **리라초** 요즘은 지필평가가 점점 사라지는 추세지만 리라초는 여전히 지필평가가 강화된 학교다. 추후 중·고등학교 입시 시험에 대한 대비를 할 수 있다는 장점이 있다.

이제는 전형적인 엘리트 코스를 지향하는 부모들도 무턱대고 사립초만을 선택하지 않는다. 비싼 학비를 투자하면 그만한 혜택을 볼 거라 생각하는 시절은 지났다. 사립초에서 특화된 방과후교실을 다양하게 제공한다고는 하지만, 그걸로는 부족하다고 느끼면 사립초에 다니면서 추가로 학원을 더 다니게 된다. 그렇게 되면 비싼 학비도 내고 사교육 비용도 들여야 하니 아예 공립을 보내고 학원을 보내기도 한다.

사립초에 입학한 아이들은 3학년 때쯤 공립초등학교로 이탈하는 경우가 많다. 각 학교별 특성이나 특화된 분야를 잘 모르고 보냈다가 아이와 맞지 않아서 공립으로 전학을 가거나, 4학년부터는 본격적으로 학원을 다녀야 하는데 사립초의 방과후교실이 오히려 시간을 뺏는다고 생각해 옮기는 것이다.

아이를 사립초등학교에 보내는 부모들은 대체로 외고나 국제고 입학을 염두에 두는 경우가 많다. 그래서 한때는 중학교도 국제중으로 진학하는 경우가 많았다. 3대 국제중으로 불리는 대원국제중, 영훈국제중, 청심국제중은 영어유치원 → 사립초 → 국제중 → 국제고 또는 외고 → 명문대 혹은 유학으로 가는 정규 코스(?) 중 하나였다. 하지만 최근 국제중에 대한 정부의 제재가 많아지면서 그 인기가 시들해지고 있다.

입시 제도 변화와 학부모들의 지향성에 따라 조금씩 달라지긴 했지만 여전히 이들은 3세 때부터 애플트리 코스에 합류하기를 원한다. 물론 돈을 많이 투자한다고 해서 그것이 곧장 성적으로 반영되는 것은 아니지만, 이들은 알고 있다. 모두가 최고가 될 수는 없다는 것을. 어쩌면 남들보다 더 빨리 알게 된다. 일찍부터 이것저것 시켜보기 때문에 자녀가 얼마나 발전할 수 있을지, 어디에 재능이 있고 어디에 재능이 없는지 등을 일찍이 알게 된다. 그리하여 태세 전환이 빠르다. 앞서 투자해서 신속하게 파악하고 재빠르게 아이의 길을 만들어주는 것, 이게 바로 그들이 가진 힘이다.

효과적인 두뇌 자극이
필요한 시기

✔ 아이의 일상을 꼼꼼히 관찰할 것

학교에 들어가기 전에는 엄마가 가장 뛰어난 관찰자가 되어야 한다. 아이의 생활 모습이나 습관, 사소한 일상 행동들까지 꼼꼼하게 관찰해야 아이의 성향을 파악할 수 있다. 이 시기에는 뭘 가르치기 이전에 아이가 어떤 특성을 가졌는지를 알아가는 게 중요하다. 그래야 초등 입학 이후에 아이에게 적절한 학습 길잡이 역할을 해줄 수 있다.

✔ 입학 전에 한글은 확실히 가르칠 것

초등학교에 들어가면 배울 테니 한글을 배우지 않아도 된다고 주장하는 사람들도 있다. 문제는 대부분의 아이가 한글을 이미 떼고 입학하다 보니 학교에서도 기초 수준의 한글 교육을 하지 않는다는 것이다. 초등학교 1학년 교과서를 보라. 교과 과정 자체가 한글 교육부터 시작하는 게 아니라 이미 한글을 알고 있다는 전제 아래 구성되어 있다. 다른 과목들도 한글을 읽을 줄 알아야 이해할 수 있다. 읽을 수 없으면 아무것도 따라가지 못한다. 입학 전 한글 교육은 이제 필수다.

✔ 기본적인 숫자 읽기 정도는 습득시킬 것

숫자 읽기도 한글과 마찬가지다. 학교에서는 숫자 읽기부터 가르치지 않는다. 역시 대부분의 아이들이 숫자를 아는 상태에서 초등학교에 입학하기 때문이다. 연산이나 수식까지 가르칠 필요는 없다. 1부터 100까지의 숫자를 읽을 수 있을 정도만 되면 자연스럽게 다음 단계로 넘어갈 수 있다. 욕심내지 않되, 기본만 시켜두자.

✔ 외국어보다 모국어를 우선할 것

한 살이라도 어릴 때 영어를 시작해야 한다는 강박을 버리자.

영어가 아무리 중요해도 모국어만큼 중요하지 않다. 아이는 결국 한국어로 된 공부를 해야 한다. 운 좋게 영어를 아주 잘하게 됐다 하더라도 한글을 읽지 못하면 그냥 '영어만' 잘하는 아이가 될 뿐이다.

✔ 학습보다는 놀이를 통한 자극을 줄 것

너무 어릴 때부터 공부를 학습으로 접근하면 아이가 빨리 지친다. 지능 발달에 도움 되려면 연령에 맞는 자극을 주는 게 중요하다. 미취학 아이에게 자극은 학습이 아니라 즐겁게 깨치는 놀이가 되어야 한다. 미래의 학업 성취도를 생각하지 말고 다양한 자극을 통해 뇌를 발달시킨다는 개념으로 접근하자.

2장

내 아이에게
최적화된
학습 로드맵 찾기

"

아이 선생님과 면담하면서 '내 아이 얘기를 하고 있는 게 맞나'

싶었던 적이 있는가? 많은 부모가 학교 선생님으로부터 전혀 몰랐던

자녀의 면모를 듣고 놀라고는 한다. 아이를 '내 소유'로 생각하면 객관적으로

보기 어렵다. 확증편향에 사로잡혀 보고 싶은 대로만 보기 때문이다.

그러다 타인의 목소리로 아이에 대한 평가를 들으면 충격에 휩싸인다.

'우리 아이가 그럴 리 없어!'

아니다. 당신의 아이는 당신이 생각하는 그 아이가 아니다. 이제는 아이를

정면으로 마주하고 현실을 직시하자. 진짜 제대로 된 교육은 아이를 있는

그대로 파악하는 것에서 시작된다.

"

대부분의 부모는
자녀를 몰라도 너무 모른다

"우리 애가 그래도 국어는 잘하거든요."

"암기 과목은 약해도 수학은 괜찮거든요."

상담 중에 가장 많이 듣는 말이다. 해석하면 '우리 애가 그래도 국어는 잘하니까 괜찮은 대학에 갈 수 있지 않느냐'라는 건데, 입시 제도는 그런 식으로 흘러가지 않는다. 영어와 과학탐구를 잘한다면 그 과목에 대한 배점이 큰 학교를 전략적으로 선택해서 원서를 써야 한다. 그런데 그렇게 적용하면 본인의 목표보다 한참 낮은 대학만 나온다. 합격 가능성이 높은 대학들을 추려서 제시하면 엄마들은 아이의 현실을 인정하지 못해 괴로워한다. 당장 코앞에 입시라는 현실이 닥쳤는데, 그래서 그 결과가 빤히 보이는 순간까지도 아이의 상태를 제대로 보지 못하는 것이다.

자녀를 온전히 객관적인 눈으로 보는 것이 쉬운 일은 아니다. 팔은 언제나 안으로 굽고, 사람은 늘 보고 싶은 것만 보게 마련이니까. 무엇보다 자녀를 깊이 사랑하는 부모 입장에서는 제 자식을 남의 집 아이 보듯 편안한 마음으로 생각할 수가 없다. 그럼에도 아이에 대한 객관적인 시선은 필요하다. 특히 학습적인 측면에서는 더욱 아이를 있는 그대로 판단해야 그에 맞는 도움을 줄 수 있다.

안타깝게도 수많은 부모가 자신의 아이를 잘 모른다. 알고 싶어 하고 노력하고 관찰하려 애는 쓰지만, 그래서 스스로 잘 안다고 생각하지만 실제로 정확하게 파악하고 냉정하게 판단하는 부모는 많지 않다. 자녀를 객관적으로 바라보는 가장 좋은 방법은 '내 아이를 남의 아이처럼' 보는 것이다. 남의 아이라고 생각하면 욕심을 내려놓을 수 있다. 부모가 아이 상태를 제대로 보지 못하게 하는 가장 큰 장애물은 바로 자신의 욕망과 욕심이기 때문이다. 남의 아이를 향한 시선엔 그런 욕망이 끼어들지 않는다.

엄마들이 가끔 '욕심을 내려놓으니 편해졌다'라는 애기를 하는

데, 그것은 아이와의 싸움이 피곤해서 회피했다는 얘기일 수도, 아이를 있는 그대로 받아들였다는 얘기일 수도 있다. 당연히 후자의 경우가 더 건강한 상태다.

아이를 있는 그대로 받아들이되, 다른 사람의 말을 흘려들어서는 안 된다. 부모들은 때로 '우리 아이는 내가 제일 잘 안다'라는 믿음 때문에 타인의 평가와 조언을 무시하고는 한다. 하지만 아이의 생활은 집 안에서만 이루어지지 않는다. 집과 학교, 학원, 동아리, 동네 등 여러 소셜 활동을 하면서 다양한 성향과 모습을 드러낸다. 또한 그곳에는 각각의 전문가들이 있다. 특히 학교 담임교사의 말을 귀담아들어야 한다. 그들은 해마다 30명 이상의 아이들을 상대하는 사람이다. 너무 많은 아이를 다루기 때문에 아이들 한 명, 한 명에 대해서는 잘 모를 수 있지 않을까 걱정할 필요는 없다. 선생님에게는 아이들에 대한 데이터가 많다. 부모가 열 번 봐야 알 수 있는 걸 선생님들은 한 번만 봐도 파악이 가능할 수 있다. 그만큼 노하우와 전문가적 시각이 있다는 것이다. 그러니 선생님이 보는 아이에 대한 평가와 조언을 쉽게 무시해서는 안 된다.

다른 사람이 보는 자녀의 모습에 대해서도 부정하지 말자. 자신이 보지 못하는 모습을 누군가는 보고 있을 것이다. 그런 정보들이 종합적으로 모이면 자녀를 좀 더 냉철하게 판단할 수 있는 근거가 된다. 엄마가 생각하는 아이의 모습은 30% 정도만 맞다고 생각하는 게 좋다. '내 자식이니까', '내 남편이니까' 이러저러해야 한다는 역할론에 사로잡혀 있는 이상, 가족을 객관적으로 보기 어렵다. 나머지 70%의 정보는 아이가 생활하는 여러 공간에서 마주하는 관계에서 나오는 조언을 종합해봐야 한다.

엄마가 아이를 '자식이니까 이래야 한다'는 당위로만 다가가면 아이도 엄마에 대해 '엄마니까 이래야 한다'는 요구로만 다가갈 것이다. 그러면 결국 엄마가 자신에게 베풀어야 하는 의무에 대해서만 골몰하게 되고, 그것이 충족되지 않으면 아이는 어긋난다. 엄마와 아이가 서로를 독립된 인간으로, 있는 그대로 인정하고 바라봐야 불필요한 절망에 빠지지 않는다.

나를 보면
아이가 보인다

어릴 때의 나는 아주 소극적이고 내성적이었다. 나서는 성격도 아니었고 말이 많은 편도 아니었다. 지금의 직업을 생각해보면 상상도 할 수 없는 모습이지만, 아이를 키우면서 목소리도 커지고 눈빛도 강해지기 시작했다. '이렇게 약한 모습으로는 아이를 지킬 수 없겠다'라는 생각에 변해온 것 같다.

어릴 때부터 스스로 판단하고 해결하는 성격이었던 나는 누군가의 조언을 듣고 행동할 기회가 적었다. 만약 누군가로부터 대학 진학에 대한 팁을 얻었거나 앞으로 내가 살아갈 세상이 어떤 세상이 될 거라는 조언을 들었다면 내 인생이 조금은 달라졌을지도 모른다. 친정엄마는 아이 같은 사람이었다. 그저 공부만 하면서 보호를 받았고, 할머니가 모든 걸 대신 해줬다. 할머니는 손주를 돌보는 것까지 도맡았다. 약하고 주체적이지 못한 엄마 아래 자라다 보니 나는 내가 스스로를 지켜야 한다고 생각했다.

그렇다고 친정엄마에게 큰 불만은 없었다. '엄마는 안 한 게 아니라 할 수 없었던 것'임을 잘 알고 있었기 때문이다. 그래서 내가 엄마가 된 뒤로는 '우리 아이는 뒤처지게 하면 안 된다'라는 생각을 하게 됐다. 그러면서도 가끔 아이에게서 나의 옛 모습을 발견하고는 한다. 우리 아이들이 소극적이고 예민한 모습이 답답하고 이해되지 않을 때도 있었는데, 가만 생각해보니 그게 바로 어린 시절 내 모습이었던 것이다.

가끔은 이렇게 자신의 어린 시절을 소환해볼 것을 권한다. 아이에게서 이해하기 힘든 면모를 발견할 때, 자신이 어릴 때 어떤 사람이었는지 떠올려보자. 당신의 자녀는 어디 다른 별에서 온 아이가 아니다. 당신에게서 왔다. 아이를 보면 엄마가 보이고, 엄마를 보면 아이가 보인다. 그러니 아이가 스스로 뭔가 제대로 하지 못하고 있다고 느껴져서 불안하다면, 당신의 어린 시절과 자녀의 모습을 겹쳐서 관찰해봤으면 한다. 그토록 이해할 수 없었던 아이의 모습이 곧 당신 자신의 모습이었음을 깨닫게 될 것이다. 아이를 통해 자신을 돌아보는 일은 때로 힘들고 고통스럽다. 자신의 내면을 직시하는 일은 누구에게도 쉽지 않다. 하지만 분명 아이를 더 깊이 이해하는 계기가 될 것이다.

반대로 지금 당신의 모습을 아이들이 닮아가기도 한다. 결국 모든 것은 엄마에게서 시작되고 아이의 삶은 엄마의 삶에서 비롯된다. 그것을 인정하지 못하면 아이는 영원히 이해할 수 없는 존재로 남을 것이다.

세심하게 관찰하고
대담하게 리드하라

"엄마, 나 시험 끝나고 친구들이랑 떡볶이 먹고 영화 보고 와도
돼?"

밤낮없이 공부하며 준비한 시험 마지막 날, 중학생 둘째 아이가
친구들과 잠시 시간을 보내고 싶은지 이렇게 물었다.

"음…… 글쎄, 얼마나 놀다 올 거니?"

아이의 눈빛이 흔들렸다. 잠시 고민하던 아이는 시험이 끝나면
일단 집에 와서 남은 공부를 정리하다가 영화만 보고 돌아오겠다
고 했다. 친구들과 오랜만에 즐거운 시간을 보내려고 여러 계획을

세웠는데 엄마가 이렇게 제동을 건다면, 보통의 아이들은 반발이 만만치 않았을 것이다. 하지만 둘째는 평소에도 늘 자신만의 원칙과 습관이 있었다. 해야 할 것들을 먼저 하고, 남들이 네 시간을 놀면 자기는 두 시간만 노는 식이었다. 중학생 아이가 지키기에는 상당히 어려운 습관이지만, 아이는 어릴 때부터 목표가 뚜렷했기 때문에 자신의 목표를 이루기 위해서는 이런 공부 습관이 필요하다는 것을 스스로 아주 잘 알고 있었다. 첫째 아이가 대학부설 영재교육원에 다니고 영재고에 진학한 뒤 서울대에 입학하는 과정들을 곁에서 지켜본 둘째는 누가 말하지 않아도 자신의 미래를 스스로 설계했다.

나는 아이들이 놀 때 늘 어떻게 노는지를 지켜봤다. 미끄럼틀을 탈 때 절대 그 틀을 벗어나지 않고 얌전하게 정석대로 내려오는 걸 유심히 보았고, 내가 어떤 설명을 할 때 순서대로 설명하면 편안하게 이해한다는 걸 느꼈다. 아이는 놀이터에서 놀면 옷에 흙이 들어가는 게 싫어서 놀이터 자체를 선호하지 않았고 장난감을 두고 싸우지 않았다. 갈등과 소음을 싫어해서 애초에 욕심을 부리지 않았다. 이런저런 생활 모습을 관찰한 결과, 우리 아이들은 '안전과 안정을 추구하는 유형'이라고 결론 내렸다.

아이들은 남의 말을 잘 듣는 성향이었고, 남의 말을 중간에 끊고 자기 생각을 드러내는 법이 없었다. 그래서 나는 아이에게 사소한 것이라도 최대한 많은 정보를 체계적으로 설명하려고 노력했다. 정보를 모두 취합한 뒤 자기 안에서 그것을 분석해 어떤 것을 취할지 선택하게 하기 위해서였다.

학교에서 있었던 일을 이야기해보라고 하면 도통 아는 것이 없었다. 전해 듣기로는 학교에서 꽤 큰 사건이 있었다던데 우리 아이들은 그런 일이 있는 줄도 모르는 것이다. 남의 일에 전혀 관심이 없었다. 그러니 산만하게 한눈팔지 않고 엄마가 잘 이끌면 묵묵히 따라오겠구나 싶었다.

자녀가 어떤 아이인지 파악하기 위해서는 당연하게도 세심한 관찰이 선행되어야 한다. 끊임없이 아이를 관찰하라고 조언하면, '회사도 나가야 하고 아이가 유치원이나 학교에 가면 꼼꼼하게 들여다볼 시간과 여유가 없다'고 하소연하는 부모가 많다. 그런데 아이를 관찰한다는 건, 그리 엄청난 에너지를 필요로 하거나 거창한 계획이 수반되는 일이 아니다. 밥 먹는 모습, 노는 모습, 친구와 이야기하는 모습 같은 아주 사소하고 평범한 일상생활을 무심히 넘겨버리지 말라는 의미다.

❶ 형제자매에게 같은 것을 기대하지 마라

미국에서 두 아이를 명문대에 보낸 엄마가 있었다. 이 엄마는 셋째도 당연히 같은 명문대에 갈 거라고 생각했는데 아이의 성적은 기대에 못 미쳤다. 명문대를 가려면 명문고를 가야 하는데 명문고조차 겨우 턱걸이로 입학하자 엄마의 고민은 커져만 갔다.

'셋째는 왜 첫째와 둘째만큼 공부를 하지 못할까?'

아이가 두 명 이상인 가정에서는 정도의 차이가 있을 뿐, 이런 고민에서 자유롭지 못할 것이다. 아이들의 성향이 서로 다르거나 성적의 차이가 커서 웃고 울기를 반복하는 일은 아주 흔하다. 첫째는 공부를 잘하는데 둘째는 왜 못할까, 둘째는 엄마 말을 잘 듣는데 첫째는 왜 그렇게 반항적일까, 첫째는 학교에서 모범생인데 둘째는 왜 그렇게 튀는 행동을 할까.

여기서 엄마들이 잊고 있는 게 있다. 이 아이들은 같은 배에서 나왔지만 각각 다른 사람이라는 점이다. 너무나 당연하지 않은가. 사람마다 성격과 기질, 성향, 개성이 모두 다르듯 형제지간도 마찬가지다. 왜 첫째가 공부를 잘한다고 둘째도 공부를 잘해야 한다고 생각하는가? 이 아이들은 모두 독립된 개체다.

그리고 엄마에게는 둘째 아이가 두 번째 양육하는 대상이지만, 아이에게 엄마는 두 번째 겪는 엄마가 아니다. 아이가 둘째, 셋째이

더라도 엄마는 모든 것이 처음인 듯 임해야 한다.

회사를 이직하고 매번 '전 회사는 안 그랬는데 이 회사는 왜 이러지?' 하는 식의 불만을 가져봤자 소용없다. "우리 첫째랑 둘째는 왜 이렇게 다를까요?"라고 묻는다면, 그냥 '다른 사람이기 때문에 다른' 것이다.

형제자매 아이들에게 같은 기준을 놓고 고민하지 말자. 아이의 존재를 있는 그대로 인정하고 그 대상이 설령 형제자매라 할지라도 절대 비교하며 비난하지 말자. 가족 내의 비교는 아이에게 더 큰 상처가 될 수 있다. 가족은 매일 얼굴을 맞대고 함께 살아야 하는 존재이기 때문이다.

❷ 재능을 찾기 전에 성향을 먼저 찾아라

아이의 재능은 학원 선생님이 발견해주는 것이 아니라 끊임없는 관찰을 통해 엄마의 눈으로 발견하는 것이다. 학원은 거짓말을 한다. 아이가 어떤 분야에 대단한 재능을 보이지 않아도 뛰어나다고, 재능이 있다고 칭찬한다. 그런 격려에 고무된 엄마는 착각에 빠져 학원에 돈과 시간을 바친다. 수강생이 많을수록 수익이 올라가기 때문에 학원에서 하는 칭찬은 영업용 멘트일 가능성이 굉장히 높다. 머리로는 이 사실을 잘 알면서도 기분 좋은 칭찬을 마다하고 냉정하게 자기 아이를 돌아볼 엄마가 많지 않은 것도 사실이다.

아이는 엄마의 눈으로 지켜봐야 한다. 엄마의 눈이란 절대적이고 무조건적인 사랑만이 아니라 우리 아이가 어떤 성격을 가졌는지, 어떤 기질을 타고났는지, 일상 속에서 어떤 점이 뛰어나고 또 어떤 일에 어려움을 겪는지, 사회적 관계는 어떻게 맺고 있는지를 관찰하는 눈이어야 한다. 아이들이 놀이터에서 놀 때 단 몇 번이라도 다른 엄마들과의 대화를 멈추고 아이를 지켜보자. 미끄럼틀 계단을 오를 때 두 칸씩 올라가는지 한 칸씩 올라가는지, 순서를 기다리는지 무시하는지, 내려올 때 온몸으로 내려오는지 엉덩이만 대고 조심조심 내려오는지 등, 지극히 사소한 행동들을 눈여겨보자.

가령 계단을 한 개씩 오르고 놀이 룰을 잘 지키는 아이라면 질서와 체계를 잘 지키고 따르는 성향을 가졌을 것이다. 이런 아이들은 공부할 때도 같은 성향이 발휘된다. 따라서 어떤 측면이 뛰어나다고 해서 학습 단계를 건너뛰고 내달려서는 안 된다. 각 단계의 학습 성취 목표를 달성하고 하나씩 차근차근 밟으며 공부해야 하는 유형이다.

만약 놀이터에서 아이들과 다툼이 일어났다면, 그 와중에 아이가 어떤 역할을 하고 있는지도 한번 살펴보자. 어떤 아이는 어느 편에 설지 고민하며 누군가의 편에 합류할 것이고, 어떤 아이는 엄마

한테 이르겠다고 으름장을 놓을지도 모른다. 어떤 아이는 누가 잘 못했는지 심판자 노릇을 하고, 어떤 아이는 아이들이 싸우지 않고 놀이를 이어가도록 중재자 역할을 할 수도 있다. 자녀가 중재자 역할을 한다면 관계를 중시하는 성향을 가졌다는 의미다. 이런 아이들은 학교생활을 하면서도 친구들 사이의 갈등이나 분쟁을 해결하고 조정하는 선도부나 또래 중조 활동을 통해 리더의 자질을 발전시켜나갈 수 있다.

자녀의 성향과 재능을 파악했는데 거기서 한 발짝 더 나아가지 않는다면 관찰은 의미가 없다. 초등 아이의 엄마가 해야 할 가장 중요한 역할은 아이에게 맞는 공부 방법과 습관을 찾아주는 것이다. 습관이란 말 그대로 매일 반복되는 패턴을 몸에 익히는 것이다. 오래 앉아 있는 습관을 들이려면 매일 조금씩이라도 엉덩이를 붙이고 앉아 집중할 수 있도록 해야 한다. 아이의 성향이나 능력에 따라 그 시간은 다를 수 있겠지만, 관찰을 토대로 아이를 분석해서 자녀가 어떻게 하면 공부 습관을 들일 수 있는지 고민하고 그에 맞는 방향으로 이끌어야 한다.

생활기록부 객관적으로
파악하는 법

상담을 진행할 때 아이의 정보를 최대한 많이 알기 위해서 각종 자료를 요청하는데, 그중 가장 중요한 것이 바로 학교생활기록부다. 처음 생기부를 받아보면 대부분의 부모는 아이를 아주 기특하고 대견하다고 여긴다. 아이의 학교생활이 궁금했을 것이고, 그에 대한 선생님의 평가가 어떤지 기대에 가득 차서 읽게 된다.

그런데 막상 생기부를 보면 다 좋은 말 같다. 아이가 뭐든 다 잘하고 있는 것처럼 보인다. 생기부를 작성할 때 직설적으로 아이의 단점 그대로를 묘사하지는 않기 때문에 대체로 좋아 보이는 것이다. 학부모가 받을 충격을 최소화하고 자녀에 대한 편견을 심어주지 않기 위한 교사들의 노력이지만, 그래도 부모는 아이에 대한 평가를 정확하게 직면하고 파악할 필요가 있다.

표면적으로는 부정적인 어휘나 표현이 없지만, 맥락을 잘 살펴보면 아이가 어떤 점이 부족하거나 문제가 되는지 파악할 수 있다. 예를 들어 '활동적이지만 자기주장이 강하고 의욕이 앞선다'라는 표현을 보자. 긍정적으로 생각하면 성격이 적극적이고 활동적이며 주관이 뚜렷하다는 의미로 보인다. 하지만 이 표현에서 중요한 포인트는 '의욕이 앞선다'는 말이다. 의욕이 있고 행동도 뒤따른다면 의욕이 '앞서는' 게 아니다. 그런데 자기주장이 강하면서 의욕이 앞선다는 얘기는 '의욕만' 앞서고 고집불통이라는 얘기일 수도 있다.

보통 좋은 평가는 누가 봐도 극찬인 표현으로 이뤄져 있다. 적당한 표현을 찾아 에둘러 사용하는 것이 아니라 있는 그대로의 칭찬이다. 다음 좋은 평가 예시를 보면 금방 알 수 있을 것이다.

예시 1

성격이 밝고 쾌활하며 **사교적**이어서 친구들과 잘 어울리고, 모둠활동을 할 때 **자발적**이고 **적극적**으로 **참여함.** 자아존중감이 높아 당당하고 자신 있게 **행동함.** 자기 주변 정리와 학급 공동의 일을 친구들과 함께 협력하여 처리하고 이웃을 위해 나눔의 정신을 실천하는 모습이 모범적임. 학급 일에 적극적으로 참여하며 교우관계에서 믿음과 신뢰를 쌓아 학급 내에서 인기가 많고 책임감이 강함.

예시 2

사교성이 좋고 인간적인 친화력이 뛰어나 남녀를 가리지 않고 친하게 지내며, 운동과 놀이를 좋아하고 말씨와 행동에 붙임성이 있어서 언제나 명랑하고 즐거운 학교생활을 함. 모둠 협동 학습에 적극적으로 참여하여 창의적이고 재치 있는 결과물을 낼 뿐만 아니라 친한 친구들과 프로젝트를 계획하여 협동하여 해결하는 활동에 소질이 있음. 논리적 사고력이 뛰어나 문제 해결 능력이 탁월하며, 계산 능력이 우수함.

예시 3

학습 태도가 바르고 수업에 적극적으로 참여하며 주의 깊게 경청하고 배운 것을 자신의 것으로 내면화하는 능력이 뛰어남. 친구들과 항상 사이좋게 지내며 친구들의 마음을 잘 읽어주고 자신이 맡은 일을 끝까지 마무리하려는 책임감이 뛰어남. 항상 잘 웃고 긍정적으로 즐겁게 모든 활동에 참여하는 태도가 인상적임. 수업에 집중도가 높으며 적극적으로 활동하여 우수한 결과물을 냄.

강조 표시한 어휘들을 보면 극찬 또는 칭찬의 의미에 어떤 표현이 쓰이는지 알 수 있다. 물론 이런 표현이 없다고 해서 꼭 생기부 기록이 부정적이라는 뜻은 아니다. 다만 아이의 문제를 에둘러 표현하고 있는지, 정말 좋은 점들을 칭찬하는 것인지 구분하기 위해서는 표현 뒤에 가린 진짜 의미를 찾을 필요성이 있다는 것이다.

이번 해에 생기부 기록이 좋지 않은 것처럼 보인다면 선생님이 지적하는 부분들을 다음 해에는 개선될 수 있도록 해야 한다. 생활기록부는 아이를 낙인찍기 위해 존재하는 게 아니라 더 나은 사람이 될 수 있도록, 더 발전하는 아이가 될 수 있도록 독려하는 차원이라는 걸 잊지 말자.

이과적 감각이 떨어져
고민이라면

"수학적 재능이 없다고요? 그럼 앞으로 어떡해요?"

상담 중 아이가 이과적 재능이 다소 부족하다고 평가하면 학부모들은 세상이 무너져 내린 것처럼 절망한다. '수학적인 재능보다 언어적인 재능이 더 뛰어나다'는 말이 곧 '앞으로 밥벌이를 못하게 될 거다', '대학 입시에 성공하기 어렵다'라는 말로 들리는 모양이다. 인문계를 전공한다고 해서 모두가 취업에 어려움을 겪는 것은 아니며 수학을 못한다고 입시에 실패하는 것도 아니다. 하지만 '이과=취업'이라는 보편적인 공식과 대학 입시에서 수학이 차지하는 중요성 때문에 자녀가 수학을 못한다는 말은 엄마들을 두려움에 떨게 한다.

이공계열을 전공해야 취업이 잘된다는 통념을 떠나, 일단 눈앞의 입시에서 수학 점수가 중요한 것은 사실이다. 하지만 수학적 재능이 없다고 해서 좌절할 필요는 없다. 다른 교과에 비해 수학이 조금 부족하다면 그 부분을 몇 배는 더 열심히 해야 한다는 얘기일 뿐, 수학을 포기하라는 얘기가 아니다. 다행스럽게도 현재 우리나라 고등교육 과정에서 특정 교과에 대한 타고난 재능이 필요한 과목은 없다. 열심히 한다면 누구나 수학 2등급을 받을 수 있다.

초등 교육의 기초만 탄탄하게 잘 다져왔다면 대단한 천재성이나 영재성이 없어도 노력 여하에 따라 점수는 얼마든지 달라질 수 있고 입시에서도 성공할 수 있다. 그런 면에서 적성검사와 지능검사는 아이가 어떤 면에서 두각을 나타내고 어떤 면이 부족한지 파악할 수 있는 객관적인 지표가 되고, 아이 성향에 따른 효과적인 공부법을 찾아가는 길잡이가 될 수 있다. 이러한 검사는 체계적인 시스템을 바탕으로 아이의 상태를 점검할 수 있다는 점에서 엄마의 관찰만으로는 파악되지 않는 공백을 찾아주는 역할을 한다.

적성검사와 지능검사
현명하게 활용하기

아이를 파악하는 데 도움 되는 전문 검사는 크게 두 종류로 나뉜다. 공교육 과정에서 무료로 실시하는 적성검사와 사설기관에서 실시하는 지능검사, 적성검사다. 학교에서 실시하는 적성검사는 한국직업능력개발원에서 운영하는 '진로정보망 커리어넷(https://www.career.go.kr)'이라는 사이트에서 제공하는 프로그램이다. 이 검사는 아이의 직업적 심리검사를 통해 적성을 파악할 수 있도록 고안되어 있다. 학교에서 무료로 실시하기 때문에 아이의 성향, 직업적 적성, 정서적 발달 상태를 바탕으로 학습의 기초 계획을 세우는 데 도움 된다.

사설기관에서 제공하는 서비스로는 적성·인성·지능 검사를 종합적으로 파악하는 검사들이 있다. 인지적 검사를 원한다면 웩슬러지능검사를, 정서적 검사를 원한다면 MBTI 검사를 받을 수 있다. 웩슬러지능검사는 언어 이해, 지각 추론, 작업 기억, 문제 해결력의 영역에 대한 테스트를 바탕으로 아이의 종합적인 지능 발달 수준을 평가한다.

웩슬러지능검사에는 정답이 있지만 MBTI 검사에는 정답이 없다. MBTI 검사는 총 16가지로 분류된 성향 중 어디에 해당되는지를 파악하는 검사이기 때문이다. 만약 안정을 추구하는 성향이 지배적이라는 결과가 나왔다면 CEO보다는 공무원이 직업으로 적절하다는 추론을 해볼 수 있다.

단, MBTI 검사를 지나치게 맹신하는 것은 경계해야 한다. 16가지 성격 유형 결과에 아이를 가두지 말고, 아이의 성향을 파악하는 데 적절한 참고 자료로만 활용해야 한다. 성격 유형이 분석된 글을 잘 읽어보면, 자신에게 해당되지 않는 유형을 자기에게 대입해봐도 얼핏 맞는 것처럼 보인다. 마치 별자리나 오늘의 운세처럼, 이것도 내 얘기 같고 저것도 내 얘기 같은 것이다. 사람은 누구나 양면성 혹은 다면성을 갖고 있기 때문에 성향과 성격을 하나의 유형으로 단정 짓기는 어렵다.

'당신은 매우 활동적이고 외향적인 사람이지만 혼자 있기를 좋아하며 낯선 환경에서는 내성적인 성향이 나타나기도 하고 때론 리더십을 발휘하기도 하지만 타인 앞에 지나치게 나서는 것은 부담스러워한다.'

이 문장을 100명이 본다면 그 중 98명 정도는 정확히 자기 성격이라며 놀라워할 것이다. MBTI 검사 결과는 자녀가 '현실 지향적'인지 '이상 지향적'인지 판단하는 근거로만 활용하는 게 좋다. 현실 지향적인 아이들은 정확한 목표를 제시해줘야 학습 동기가 생긴다. 가령 '화학과에 가면 변리사가 될 수도 있고 변리사가 되면 연봉은 얼마 정도가 된다', 이런 현실성 있는 가능성들을 하나씩 짚어줘야 하는 것이다. 이상 지향적인 아이들은 몽상이나 상상하기를 좋아한다. 이런 아이들은 주위가 산만하고 학습 의지가 약한 경우가 많다. 그래서 부모님이 곁에서 계속 지금 이 단계를 이해하고 넘어가야 다음 단계로 진행할 수 있다는 것을 주지시켜줘야 한다. 그렇지 않으면 자꾸 엉뚱한 곳으로 튕겨나갈 것이다.

지능과 학습 능력은
반드시 비례하지 않는다

이런 검사가 필요한 이유는 지능과 학습 능력을 동일시하는 함정에 빠지지 않기 위해서다. 지능이 좋다고 해서 그것이 곧 뛰어난 학습 능력을 가졌다는 걸 의미하는 것은 아니다. 반대로 지능이 떨어진다고 해서 공부를 못하는 것 역시 아니다. 검사를 통해 얻어야 할 것은 '아이 지능이 떨어진다', '지능이 좋다' 식의 결과만이 아니라, 그것을 토대로 아이에게 맞는 효과적인 공부 방법을 찾아주는 것이다. 따라서 검사 이후의 부모 역할이 무엇보다 중요하다는 걸 명심해야 한다.

웩슬러지능검사의 경우 시간과 비용이 상당히 많이 들기 때문에 모든 부모에게 이런 검사를 받아보라고 할 수는 없다. 그럼에도 여력이 된다면 한 번쯤은 검사받아보기를 권하는 것은, 때로 부모들에게는 전문가의 분석과 조언이 필요하기 때문이다. 아이가 공부를 잘하면 잘하는 대로, 못하면 못하는 대로 엄마들의 불안과 걱정은 끝이 없다. '혹시 내가 아이를 너무 몰아붙여서 공부에 흥미를 잃은 건 아닐까', '지금은 잘하고 있는데 혹시라도 성적이 떨어지면 포기해버리지 않을까', '내가 환경을 제대로 만들어주지 못하는 건 아닐까……. 하지만 이런 고민을 아무리 거듭해봤자 달라지는 것은 없다. 엄마가 스스로에게 던지는 질문과 답이 애초에 잘못됐다면, 혹은 아이의 상태에 대한 판단이 끊임없이 흔들린다면 결국 갈피를 잡지 못하고 헤매는 것은 마찬가지다.

이러한 검사는 단순히 아이큐뿐 아니라 아이의 심리 상태와 부모와의 관계 등 종합적인 관점으로 검사하는 프로그램이기 때문에 무엇이 잘못됐는지, 어떤 방향으로 나아가야 하는지 점검해볼 수 있다. 아무리 좋은 공부법이라 해도 아이의 성향과 맞지 않는다면, 부모와의 관계와 맞지 않는다면 결코 좋은 결과를 얻을 수 없다.

가령 아이가 실리와 안정을 추구하는 성향이라면 틀린 답 쓰기를 두려워할 것이다. 이런 아이에게는 두 번 검토하는 학습법을 적용해야 할 것이다. 그러나 주어진 시간 안에 두 번씩 검토를 할 정도의 속도가 나오려면 처리 속도가 빨라야 한다. 따라서 이런 검사를 통해 성향과 지능이 적절하게 맞물리는지, 이런 학습법이 아이에게 적합한 것인지 판단할 수 있고 전문가의 적절한 조언을 바탕으로 길을 만들어나갈 수 있는 것이다.

이런 아이,
전문가 분석이 반드시 필요하다

학부모와 아이를 상담할 때 전문 검사를 꼭 받아보라고 권하는 경우가 있다. '부모에게 보이는 아이의 모습'과 '주변 사람들의 평가'가 크게 다를 때다. 엄마가 보기에는 굉장히 여리고 소심한 아이인데 주변에서는 '고집이 굉장히 세고 직설적으로 말한다'라고 평가한다면, 아이는 엄마 앞에서만 다른 모습을 보여줬을 가능성이 높다. 엄마의 생각과 주변의 평가가 극명하게 갈린다면 좀 더 객관적인 분석을 위해 시간과 비용이 들더라도 검사를 받아보는 것이 좋다. 그렇지 않으면 엄마가 좋아할 만한 모습만 보여주는 아이를 보며 엄마는 계속해서 아이를 엉뚱한 방향으로 이끌게 될 수 있다.

자신의 욕구를 내보이지 않는 아이에게도 이런 검사는 필요하다. 무엇을 좋아하고 무엇을 싫어하는지, 무엇을 원하는지, 자신을 표현하지 않는 아이는 엄마도 파악하기가 힘들다. 성격이 온순하고 침착하고 조용한 것 자체는 문제가 아니다. 하지만 그 내성적인 성격에 숨겨진 아이의 욕구를 알아차리지 못하면, 아이와의 소통은 점점 더 어려워지고 그 거리는 커갈수록 멀어질 것이다. 아이 욕구를 모르는 엄마는 아이를 도와줄 수 없다.

마지막으로 또래에 비해 학습력이 매우 뛰어나거나, 반대로 발달이 더딘 아이에게도 이런 검사는 반드시 필요하다. 어릴 때부터 특정 분야에 천재적인 재능을 보이며 두각을 나타내는 아이들이 있다. 이럴 때 부모들은 아이가 천재라고 믿고 영재교육부터 알아보곤 한다. 하지만 이런 아이들은 천재나 영재일 수도, 아스퍼거 증후군일 수도 있다.

아스퍼거 증후군은 만성 신경정신질환으로 발달장애의 일종이다. 발달이 느리고 사회 적응이 더딘 증상을 보이는데, 종종 특정 영역에 강박적으로 집착하거나 천재성을 발휘하기도 한다. 영화 「레인맨」의 주인공을 떠올리면 이해하기 쉬울 것이다. 아스퍼거 증후군의 증상은 아주 어릴 때는 알아차리기가 힘들고 보통 초등학교 1학년에서 2학년 사이에 발현되는 경우가 많다.

언어에 굉장히 뛰어난 아이를 본 적이 있다. 혼자서 영어를 따라 하고 외국어도 빠른 속도로 습득하니 부모는 아이가 천재라고 생각했다. 그래서 좋아하는 외국어를 마음껏 접하게 해줬고 또래와의 관계를 맺지 못하는 것은 그저 수준이 안 맞아서 어울리지 못하는 거라고 여겼다. 하지만 검사를 받아보니 아이는 아스퍼거 증후군을 앓고 있었다. 언어성은 만점이 나오는데 동작성은 70점밖에 안 나온 것이다. 뛰어난 재능을 보이면서 특정 부분은 전혀 발달되지 않았다는 것, 즉 발달 단계의 균형이 제대로 잡히지 않았다는 것은 뭔가 문제가 있다는 뜻이다.

아스퍼거 증후군은 자폐증과도 조금 다른 양상을 보인다. 자폐 증세를 보이는 아이들은 보통 타인과 시선을 맞추지 못하지만 아스퍼거 증후군을 가진 아이들은 시선을 잘 맞춘다. 그러면서도 자신이 관심 없는 부분에 대해서는 짜증스러운 반응을 보인다. 보통의 부모들은 이런 미묘한 차이에 대해 알아차리기가 어려우니 전문가의 분석이 필요하다. 아스퍼거 증후군은 조기 발견이 중요하기 때문에 검사를 통해 꼭 확인하는 게 좋다. 일찍 발견할수록 치료 효과가 상당히 높기 때문이다.

지능은 진로 설계의
첫 번째 방향키다

아이들을 지능별로 카테고리화하는 것이 부모들에게는 불편하게 느껴질 수 있다. 한 가지 오해만 하지 않기 바란다. 지능은 성적도, 발전 가능성의 결정적 요소도 아니다. 케어의 방향을 결정할 지표일 뿐이다. 즉, 아이의 어떤 부분을 발전시켜줘야 하고 뭘 보완하도록 도와줄지를 파악하기 위한 기준점으로 생각해야 한다. 또한 이런 분류 자체에 매몰되어 아이의 무한한 가능성을 차단하거나 포기해버려서는 안 된다.

IQ 130 이상:
보호가 필요한 아이

일반적으로 아이큐 130이 훌쩍 뛰어넘으면 '천재'로 분류한다. 자녀가 천재라면 아마 대부분의 부모는 뛸 듯이 기뻐할 것이다. 그 이름에 깃든 희소성과 특별함이 아이의 미래를 환하게 밝혀주리라 믿게 될 것이다. 하지만 우리는 여기서 '특별하다'는 것의 의미를 한 번쯤 다시 생각해봐야 한다. 천재가 특별한 아이라는 것은 사실이지만, 그 말이 곧 '뛰어난 인재'라는 말은 아니기 때문이다.

단순히 지능만 높다고 해서 이 구간에 포함되는 것은 아니다. 이 아이들은 한 번 배우고 익히면 고스란히 흡수한다. 카메라로 피사체를 찍어 저장하듯이, 어떤 정보나 지식이라도 손실 없이 모든 것을 저장한다. 그리고 언제든 그것을 꺼내서 응용할 수 있다.

가령 미적분에 대한 책을 읽은 아이가 학교에서 미적분을 배운다고 할 때, 이 아이들에게는 연습이 필요 없다. 이미 책을 통해 미적분의 원리를 이해했고 이해함과 동시에 완전히 익혔기 때문에 문제 풀이를 반복하는 건 의미가 없다. 1 더하기 1이 왜 2냐고 묻는 것과 다름없을 정도로 당연하고 쉬운 정보로 각인된다.

그럼에도 본인이 좋아하는 과목과 싫어하는 과목의 편차가 클 가능성이 높다. 선호하는 과목의 성향이 명확하기 때문에 어찌 보면 아스퍼거 증후군의 경계에 놓인 아이처럼 보이기도 한다. 또래에 비해 어눌하고 사회성이 결여된 경우도 많아서 또래 집단과의 관계가 원만하지 않을 수도 있다.

평소에는 말과 행동이 어눌하지만 친구를 붙들고 십진법과 이진법의 차이에 대해 너무 재미있지 않느냐며 열변을 토한다면 친구들은 이 아이를 이상하게 생각할 것이다. 십진법이고 이진법이고 간에 자꾸 얼굴에 침이 튀어서 불쾌해죽겠는데, 이 아이는 그런 친구의 마음을 전혀 헤아리지 못한다. 이렇게 공감 능력이 부족하고 사회성이 결여된 천재들은 나중에 기술자나 전문가는 될 수 있지만 CEO 같은 리더십이 필요한 직업으로 성공하기는 어렵다. 타인을 이해하지 못하고 남들이 뭘 좋아하는지 관심 없이 혼자만의 세상에서 살아가기 때문이다. 자신의 분야에서는 놀라운 능력을 발휘하겠지만, 어떤 기능이 굉장히 뛰어나다는 건 역으로 어떤 기능은 부족하다는 의미도 된다.

천재는 물론 특별하다. 특별하기 때문에 보호가 필요하다. 사회 속에서 관계를 맺고 살아가려면, 자기만의 세계에 스스로를 가두고 고립되지 않도록 끊임없이 부모의 교육과 노력이 투입되어야 한다. '우리 아이는 천재니까 알아서 잘하고 잘 크겠지', '좋아하고 잘하는 거 실컷 할 수 있게 해주면 되겠지' 하는 안일한 생각으로는 훌륭한 시민으로 성장시키기 어렵다.

IQ 120~129 : 모든 방면에 두루 뛰어난 아이

'영재'라고 불리는 아이들이 여기에 속한다. 영재는 천재의 아래 등급일까? 그렇지 않다. 아이큐 수치는 조금 낮거나 비슷할 수 있지만, 영재는 천재와 그 특성이 다른 아이들이다.

가장 큰 차이는 사회성이다. 천재가 자신만의 세계에서 자신의 천재성을 무한히 발휘하면서도 타인과의 관계 맺기에 서투르다면, 영재는 사람의 마음을 읽을 줄 아는 능력이 있다. 자신이 좋아하고 잘하는 것과 싫어하고 못하는 것이 극단적으로 나뉘어 있지 않다. 평균 수준 이상의 지능을 갖고 있기 때문에 전반적으로 우수한 결과를 보여주면서도 뛰어난 재능을 보여주는 영역 또한 존재한다. 미적분을 배웠을 때 천재처럼 한 방에 모든 것을 다 이해하고 해결해나가지는 않더라도 90점 이상의 점수는 낼 수 있는 아이들이다.

천재, 영재 모두 기본적으로 뛰어난 학습 능력을 갖고 있다. 차이점은 타인을 고려할 수 있느냐, 없느냐다. 다만 여기서 '사회성이 좋다'라는 평가는 천재에 비해 상대적으로 낮다는 것이지 보편적인 기준에서 만족할 만한 수준은 아니다.

영재들은 기본적으로 세상을 논리적이고 합리적인 시각으로 이해한다. 그래서 어떤 질문을 받았을 때 상대가 원하는 답을 찾아 그것을 유추해내는 과정을 굉장히 어려워한다. 누군가가 '나 물 좀 갖다주고 라면 물 좀 올려줄래?'라고 부탁하면 영재는 혼란에 빠진다. '이 사람에게 급한 건 마실 물일까, 라면 끓일 물일까', '마실 물을 먼저 주고 라면 물을 올려달라는 것일까, 라면 물을 올린 뒤 마실 물을 갖다달라는 것일까'. 이 아이들에게는 고려해야 할 경우의 수가 너무 많은 것이다. 보통의 아이들이라면 마실 물이든, 라면 물이든 자신의 판단대로, 혹은 손이 가는 대로 요청을 수행하겠지만 영재들은 순서를 명확히 지정해주지 않은 질문 자체에 혼란을 느낀다. '마실 물을 먼저 갖다주고 라면 끓일 물 좀 올려줄래?'라고 말해야 명쾌하게 그 요청을 받아들인다.

일반적인 시각에서는 이해하기 어려운 사고 과정이지만, 그렇기 때문에 명확하게 단계를 지정해주고 방향을 잡아줬을 때 이 아이들의 수행 능력은 놀라울 정도의 결과를 보여준다.

IQ 110~119 :
리더의 자질이 다분한 아이

　전체 아이의 16% 정도에 속하는 이 아이들은 교과 과정에 대한 학습 능력이 전반적으로 뛰어나다. 특별히 뒤처지는 과목도, 특별히 특출한 과목도 없지만 평균적으로 우수한 성적을 보여줄 가능성이 높다. 사회성도 웬만큼 갖췄고 눈치도 있고 멀티플레이가 가능하다. 흔히 '모범생'이라고 칭하는 아이들이다. 그래서 이 아이들은 주로 반장이나 리더를 도맡는다. 학습 능력이나 지능은 뛰어나지만 사회성은 부족한 천재나 영재보다는 친구들과 두루두루 잘 어울리면서 교과 성적도 우수한 이들이 리더가 되기에 적합하기 때문이다.

　우리 아이들은 아직도 매일 식탁에 앉기 전, 어디에 앉아야 하냐고 묻는다. 오늘 메뉴에 어떤 특수성이 있어서 우리가 특정 자리에 모여 앉아야 하는지를 파악하고 싶은 것이다. 영재는 모든 것이 설명되지 않으면 납득하지 못하고, 단계를 건너뛰면 이해하지 못한다. 학교에서 선생님에게 혼난 이야기를 엄마에게 전할 때, 천재나 영재의 경우 '선생님에게 혼났다'라는 팩트만을 전한다. 왜 혼났는지 맥락이 이해가 안 되기 때문이다. 그러면 엄마는 왜 혼났는지 하나하나 묻고, 선생님의 의도를 분석하고 설명해주고 아이는 그제 야 자신이 혼나게 된 전체 과정과 맥락을 이해한다.

반면 이 아이들은 어떤 일이 생겼고 그 과정에서 무엇이 잘못됐고 어떤 점을 지적받아 선생님에게 혼이 났음을 모두 설명한다. 상황을 빠르게 이해하고 자신만의 시각으로 분석할 줄 알기 때문이다. 이런 아이들이 어떤 집단을 이끄는 리더가 된다는 건 상식적으로 아주 자연스러운 일일 것이다.

IQ 90~109 : 적성 탐색이 중요한 아이

절반의 아이가 이 카테고리에 속한다. 아직 색깔을 찾지 못한 아이들이라고 보면 된다. 특별히 잘하는 것도, 특별히 못하는 것도 없다. 어떤 과목에 재능을 보이는지, 어떤 걸 잘하는지 아직 발견하지 못한 백색의 도화지와 같다. 이런 아이들은 어느 것 하나 버리지 말고 전 과목에 집중해야 한다. 그런 다음 적성이 무엇인지 찾아야 한다.

이 아이들은 부모들처럼 사회의 일원으로 점잖고 평범하게 살아가며 규칙을 잘 지키고, 보통 이상의 지능을 갖고 있다. 이들의 장점은 노력이 성과로 곧잘 이어진다는 것이다. 이 말은 곧 성과를 내기 위해서는 노력과 시간과 비용을 들여야 한다는 얘기다.

해보지 않으면 적성을 찾을 수 없으니 하나하나 다 해봐야 하고, 모든 것에 일정 정도 이상의 노력을 기울여야 하기 때문에 금방 좌절하기도 쉽다. 환경에 영향을 많이 받을 수밖에 없으므로 양육 환경에 따른 편차도 크다. 천재와 영재는 세심한 케어가 없으면 오히려 인생이 완전히 망가질 수도 있다. 반면 이 아이들은 특출한 재능이나 지능은 없지만 좋은 양육 조건을 제공하고 부모가 교육에 열의와 관심을 보이며 방향을 잘 잡아준다면 삶의 계층이 완전히 달라질 수 있다.

자녀가 월등히 똑똑하지 못하다고 좌절할 필요는 없다. 타고난 두뇌만이 아이의 미래를 밝은 곳으로 이끄는 것은 아니니까. 많은 것을 보고, 듣고, 경험하며 시간과 노력을 쏟아야 하지만, 그것을 통해 아이의 인생이 달라질 수 있다면 그 모든 과정에 가치가 있지 않을까.

IQ 80~89 :
자존감을 높여줘야 할 아이

아이가 공부를 못한다며 포기해버리는 부모들이 있다. 반대로 공부를 못한다고 죽어라 공부시키는 부모들이 있다. 둘 다 권하고 싶은 태도는 아니다. 공부를 못한다는 이유로 포기해버리면 아이는 방황한다. 공부를 못하는 게 아니라 안 하는 거라고 생각하고 과도한 교육열을 불태워도 아이는 금방 지친다.

아이가 공부를 못한다면 잘할 수 있는 것을 찾아야 한다. 모두가 공부를 잘할 수는 없다. 모두가 뛰어난 공부머리를 타고나는 것도 아니다. 공부를 못한다고 해서 인생이 망가지는 것도 아니다. 자녀가 공부에 재능이 없다는 걸 인정하기란 무척 어렵겠지만, 전략적인 부모라면 빨리 아이가 갈 길을 찾아야 한다.

이 아이들은 한 가지 재능을 개발시키고 특색 있는 교육을 받을 수 있도록 이끌어야 한다. 이 과정에서 절대 잊지 말아야 할 것은 아이의 자존감을 지켜줘야 한다는 것이다. '나도 잘할 수 있는 것이 있다'라고 믿으며 재능을 찾고 노력하는 힘은 누구보다 아이 자신에게서 나와야 한다. 자존감이 낮은 아이는 문턱에서 이미 주저앉고 말 것이다. 어차피 모든 걸 잘할 수는 없으니 한 가지 재능을 찾아 집중시키는 게 중요하다. 또 노선을 확실히 정했다면 중도에 포기하지 않고 끝까지 가야 한다. 어찌 보면 이 앞의 유형들보다 더 단순하고 수월하게 진로를 찾을 수 있는 부류인 것이다. 아이큐가 높지 않다고 해서 실망할 필요는 없다. 최소의 비용으로 최고의 효과를 얻을 기회를 가진 아이이기 때문이다.

지능에 따른
최적의 학습 로드맵

내비게이션은 현재 위치가 제대로 인식돼야 올바른 길로 안내한다. 공부도 마찬가지다. 아이에게 가장 필요하고 적합한 공부법을 찾으려면 부모가 아이 수준을 분명하게 인식해야 한다. 무조건 상위권 전략만 좇아서는 아이 의욕만 떨어지기 십상이다. 아이가 어떤 과목에 재능을 보이는지, 어떤 과목이 부족한지, 어떤 활동을 할 때 집중력이 높아지는지, 어떤 활동에서 흥미를 보이는지, 의자에 앉아 있는 시간은 얼마나 되는지, 학교 성적은 정확히 어느 수준인지 명확하게 파악해야만 그에 맞는 공부법을 찾을 수 있다.

상위권(IQ 110 이상):
영재교육을 시작해야 할 때

'천재'로 분류되는 아이들 중 일부는 영재고등학교에 입학하지 못할 가능성이 있다. 영재고에 입학하려면 전 과목 교과 성적이 고루 우수해야 하기 때문이다. 그런데 자기가 좋아하는 몇 개 과목에서만 두각을 나타내는 경우 오히려 영재교육기관(영재원)의 입학은 더 쉬울 수 있다. 영재교육기관의 경우 수학·과학·정보과학 등 분야가 나뉘어 있어 입학시험에 나오는 과목만 시험을 잘 보면 합격이 가능하기 때문이다.

아이큐가 월등히 높은 상위권 아이들은 일찍이 영재교육을 시작하는 게 좋다. 영재교육은 국가 차원의 정책 중 하나로, 각 시도 교육청이 실시하는 영재교육 발전 계획에 따라 운영되는 영재학급, 영재교육전문기관 등에서 진행된다. 영재교육기관은 학교 수업과는 별개로 방과 후, 주말, 방학 기간 등에 운영되지만 선행학습 위주의 사교육과는 다르다. 기본적으로 교과 학습을 강화한다기보다는 학습 외적으로 창의력과 사고력을 높여주는 교육이기 때문에 당장의 학급 석차를 올려준다거나 입시에 유리한 영향을 미치는 것은 아니다. 다만 영재교육을 받고자 하는 아이들은 일반고 진학

서울시교육청 영재교육 현황(2019년 1월 기준)

운영 기관		기관 수	학급 수	학생 수	비율(%)	예산	비고
영재 학교	서울과학고	1	24	385	2.2	지원	영재학교
영재 교육원	교육지원청	11	232	4,615	26.8	지원	11개 교육지원청 (초등협력학교 74교, 중학교 협력학교 54교)
	직속기관 및 단위학교	12	77	1,510	8.8	지원	과학전시관(본관, 남산, 동 부, 남부), 서울과학고, 세종 과학고, 한성과학고, 선린인 터넷고, 서울국제고, 미래산 업과학고, 서울로봇고, 국립 국악고, 국립전통예술고, 아 현산업정보학교, 청량고
	대학부설 및 유관기관	21	162	2,600	15.1	일부 지원	서울대(2), 연세대, 서울교대 (3), 고려대, 이화여대, 덕성 여대, 서울과기대, 건국대, (재)전통문화재단, 서울여대, 가천대, 대진대, 한국예술영 재교육원, 서울사이버영재 교육원(KAIST), 서경대, 성 균관대, 한양대(2)
영재학급		224	406	8,140	47.2	비지원	초등학교 91교, 중학교 24교, 고등학교 109교
총계		269	901	17,250	100		영재교육 대상자 비율 1.90%

보다는 특목고를 목표로 하는 경우가 많기 때문에 그 부분에서 이점이 있을 수 있다.

영재교육은 크게 1차 영재학급, 2차 시도교육청 영재교육원, 3차 대학부설 영재교육원으로 구분되며, 각각의 기관에서 요구하는 입학 요건은 기관마다 조금씩 다르다. 교육 대상자 선발은 기본적으로 교사 추천과 교육청이 주관하는 영재성 검사를 통해 이루어진다. 한국교육개발원 영재교육종합데이터베이스 선발시스템 'GED(https://ged.kedi.re.kr/sel/selIndex.do)'를 통해 전국 영재교육 선발 공고와 지원, 추천, 심사 결과 확인, 등록 안내까지 영재교육 전반에 대한 모든 정보에 쉽게 접근할 수 있다.

영재학급

영재교육은 가장 작은 단위인 영재학급부터 시작한다. 영재학급은 개별학교에서 단독으로 운영하거나 거점학교를 중심으로 인근 학교 3개교 정도를 통합해 운영하기도 한다. 담임교사의 집중 관찰을 통한 추천을 받은 학생이 지원할 수 있고 GED에서 자기체크리스트를 작성해 지원한 뒤 별도의 문제 해결 능력을 테스트하는 시험이나 면접 등을 거쳐 선발된다. 영재학급은 교내 활동으로 분류되기 때문에 학생부에는 교내 활동 이력으로 기록된다.

영재교육은 주로 수학과 과학에 편중되는 경향이 있어서 수학과 선생님들이 담당하는 경우가 많다. 영재학급을 담당하는 강사는 영재교육 직무연수(60시간)를 이수한 일선 학교 교사들이다. 따라서 커리큘럼의 난이도가 높지 않다. 아래에 소개할 시도교육청 영재원은 합격 커트라인이 높고, 서울을 예로 들어 강남서초교육청 전체에서 수학·과학·정보과학 분야별로 각 20명씩 선발하기 때문에 들어가기가 어렵다. 그래서 좀 더 합격이 수월한 영재학급을 지원하기도 한다.

시도교육청 영재교육원

영재학급이 개별학교 또는 거점학교를 중심으로 통합되어 운영된다면 시도교육청 영재교육원은 좀 더 넓은 지역의 학생들을 대상으로 한다. 서울의 경우 동부, 서부, 남부, 중부, 북부교육지원청 혹은 직속기관 및 단위학교별, 각 구별 교육지원청 기준으로 나눠 선발하는 식이다.

이 수업은 학교장 추천을 받아야 지원할 수 있다. 선발 과정에 큰 차이는 없지만 합격 커트라인이 영재학급보다 높고 선발 인원도 분야당 20~40명 정도에 불과해 합격의 문턱은 더 높고 좁아진다. 영재교육원 커리큘럼의 장점은 비슷한 수준의 아이들을 선별해 프로젝트 수업을 진행한다는 점이다. 일반 교과 수업에서는 경험하기 어려운 분야를 접하거나 그룹 활동과 토론, 창의 산출물 연구 및 발표를 통해 사고력과 창의력을 확장해나갈 수 있다. 교과 학습은 아니지만 교과 학습과 충분히 연계되어 활용될 수 있을 만한 잘 짜인 커리큘럼을 경험할 기회다.

초등의 경우 영재학급과 시도교육청 영재교육원의 시험 일자와 시험 문제는 동일하며 중복 지원은 불가능하다. 만약 영재학급에 지원했다면 교육청 영재교육원은 지원할 수 없다. 또한 대학부설 영재원에 합격한 경우에도 교육청 영재교육원이나 영재학급에 지원할 수 없다. 만약 9~11월 사이 선발하는 대학부설 영재원에 불합격하면 교육청 영재원이나 영재학급에 지원할 수 있다. 교육청 영재원과 영재학급은 선발 시기가 11월 중순에서 12월 사이로 2차는 시험, 3차는 면접으로 진행된다.

대학부설 영재교육원

대학부설 영재교육원은 말 그대로 정부 지원을 바탕으로 대학에서 운영하는 교육기관이다. 카이스트KIST 사이버영재교육원을 포함해 전국 17개 대학에서 운영되고 있다. 기관에 따라 지원 자격은 달라질 수 있으며 영재학급이나 시도교육청 영재교육원 수료 이력이 필요한 경우가 대부분이다.

대학부설 영재교육원의 장점은 해당 대학 교수가 직접 강의하고 지도하고 그룹 활동을 통해 논문을 완성하는 과정까지 경험할 수 있다는 것이다. 영재학급이나 시도교육청 영재교육원에 만족하지 못하는 아이라면 이곳에서 보다 수준 높은 교육을 받을 수 있다. 모집 경쟁률은 최소 10대 1에서 최대 30대 1 수준으로 상당히 높은 편이다. 학교에 따라 교육청 영재교육원 수료 이력이 있어야 지원할 수 있는 곳도 있으니 모집 요강을 꼼꼼하게 살펴야 한다.

또한 각 대학의 특화된 교육 환경을 경험하고 활용할 수 있는데, 대학 입장에서는 그것을 통해 홍보 효과도 누리면서 우수한 인재를 유인할 기회가 되기 때문에 학교와 학생 모두 서로 얻을 수 있는 이점이 많다.

● **기회균등전형** 영재교육기관은 국가의 예산 지원으로 운영되지만 개인이 부담할 교육비가 없는 것은 아니다. 뛰어난 자질과 자격을 갖췄지만 소득이 충분하지 못하다면 사회통합전형의 기회균등전형으로 지원해볼 수 있다. 기초생활수급자나 국가보훈자녀, 차상위계층, 한부모가족보호대상자 등에 해당된다면 증빙 서류를 갖추고 지원할 수 있으며, 각 기관에서는 최종 선발 인원의 20%까지 우선 선발할 수 있

다. 기회균등전형 합격자는 전형료나 교육비 일부 또는 전부를 면제
받을 수 있지만 각 기관마다 적용 범위는 다르기 때문에 모집 요강을
꼼꼼히 살펴야 한다.

영재교육, 배움을 확장하고 심화하는 기회

영재교육 진흥법은 교육기본법 제19조 영재교육 의무조항에 따
라 제정되었다. 이 법의 목적은 '재능이 뛰어난 사람을 조기에 발
굴하여 능력과 소질에 맞는 교육을 실시함으로써 개인의 타고난
잠재력을 계발하고 개인의 자아실현을 도모하며 국가와 사회의 발
전에 이바지하게 함을 목적으로 한다'라고 서술되어 있다. 여기서
중요한 전제 조건은 '재능이 뛰어난 사람'이다. 학교 성적이 상위권
인 아이들은 피라미드 꼭대기에서 소수의 우수한 아이들끼리 경쟁
하는 것이기 때문에 그 그룹 안에서 변별력을 가지려면 교내 석차
에만 만족해서는 안 된다.

같은 전교 1등이라도 영재교육을 통해 자신의 강점을 가장 잘
발휘할 수 있는 영역을 개발하고 발전시키는 경험을 한 아이와 그
렇지 않은 아이는 이후 중학교, 고등학교, 대학교까지 길이 완전
히 달라질 수도 있다. 어쩌면 성인이 되고 직업을 찾고 경제 활동을
하는 데까지 영향을 미칠지도 모른다. 어린 시절의 다양한 경험과

배움은 자연스럽게 체화되어 평생 동안 이어지는 자산으로 자리 잡기 때문이다. 초등 아이들의 가능성은 무한하다. 지금은 작은 씨앗처럼 보이는 재능일지라도 부모가 어떻게 물을 주고 정성을 쏟느냐에 따라 씨앗이 아예 말라버릴 수도, 크고 단단한 열매를 맺을 수도 있다.

그렇다고 영재교육원에 들어가기 위해 또 다른 사교육에 매달리는 것은 권하지 않는다. 사교육을 부지런히 시켜서 합격까지는 할 수 있을지 모르겠지만, 애초에 역량이 부족한 아이라면 입학 이후에 수업 진도를 감당하지 못할 가능성이 크다. 끊임없이 새로운 프로젝트가 이어지고, 아이가 영재교육을 계속 소화할 수 있는지 주기적인 테스트를 실시하기 때문에 커리큘럼을 따라가지 못하면 힘만 빼고 낙오되기 십상이다.

누군가는 사교육을 받고 영재교육원에 합격해 그곳에서 뛰어난 재능을 보여주기도 할 것이다. 하지만 그런 경우는 사교육 때문이 아니라 원래 그만한 잠재력을 가졌기 때문에 내재된 가능성이 발현된 것이다.

중위권(IQ 90~109):
전략보다는 성실한 엉덩이의 싸움

중위권에 속하는 아이들은 자신이 얼마나 의지를 갖고 매진하느냐에 따라 중상위권이 될 수도, 하위권이 될 수도 있다. 조금만 노력을 안 해도 금방 하위권이 되고 조금만 열심히 하면 중상위권으로 올라갈 가능성이 있는 아이들이다.

1등급은 상위 5% 이내, 2등급은 11%, 3등급은 20%, 4등급은 40%, 5등급은 60% 이내로, 아래로 내려갈수록 이 구간의 폭은 점점 넓어진다. 이렇게 구간이 넓어지면서 아이들은 포기하기 시작한다. 위로 올라가려면 범위가 좁아서 힘들고, 아래로 내려가는 건 너무나 순식간이기 때문이다. 3등급에서 5등급 사이를 중위권으로 보면, 상위권과의 격차가 가늠이 될 것이다.

이 아이들은 무엇을 잘할지 아직 알 수 없는 상태다. 그러니 일단은 전 과목을 모두 놓치지 않고 균형 있게 공부해야 한다. 전체적인 평균을 단계별로 높인다는 생각으로 암기과목 하나까지 치열하게 집중해야 하는데, 얼마나 오래 엉덩이를 붙이고 앉아 있느냐에 따라 결과가 달라진다. 한마디로 성실함으로 승부해야 한다는 말이다. 꾸준하게 전 교과를 골고루 공부하다 보면 그중에서도 자신이 잘할 수 있는, 잘하는 분야가 부각되기 시작하고, 그 과목이 전체적인 평균을 레벨 업하는 결정적인 요인이 된다. 어쩌면 특별한 재능이 없을수도 있지만, 그래도 괜찮다. 성실함은 때로 타고난 재능을 이긴다.

중위권 아이들은 대체로 두 가지 유형으로 나뉜다. 시키는 대로 척척 해내는 모범적이고 성실한 FM유형, 영리하면서도 또래집단과의 사회적 관계를 중시하는 사회친화적인 예능 유형이 그것이다. '상·중·하'라는 구분은 편의상 큰 단위로 분류한 것일 뿐, 성적이 비슷하다고 성향이나 성격까지 비슷한 것은 아니다. 아이의 성향을 파악했다면 그 특징에 맞게 지도해야 한다.

하나를 가르치면 하나를 아는 FM 유형

이 유형의 아이들은 하나를 가르쳐주면 하나를 알고, 열을 가르쳐주면 열을 안다. 가령 곱셈을 배울 때 한 자리 곱하기 한 자리 곱셈을 배운 뒤, 두 자리 곱하기 두 자리, 세 자리 곱하기 세 자리를 모두 단계별로 알려줘야 익힌다. 한 자리와 두 자리만 가르쳐주면 세 자리 곱셈까지 알아서 응용하고 익히는 유형이 아니다. 부모들은 아이가 하나를 가르쳐주면 열까지는 아니어도 둘, 셋은 알면 좋겠는데 가르쳐준 것만 안다고 실망하곤 한다. 하지만 이건 결코 실

망할 일이 아니다. 배운 것을 배운 만큼 제대로 이해한다는 것은
아무나 할 수 있는 일이 아니기 때문이다.

이런 아이들은 단계를 건너뛰면 안 된다. 뭐든지 처음부터 하나
씩 차근차근 따라갈 수 있게 해줘야 한다. 원리원칙형이기 때문에
단계별로 가르쳐주면 꼼꼼하게 이해하며 다음 단계로 넘어갈 수
있다. 성실하고 주어진 일은 모두 수행해내기 때문에 이런 특성을
잘 활용하는 게 좋다.

관심사가 다양한 멀티 유형

이 유형은 성실한 FM 유형과 정반대의 특성을 갖고 있다. 눈치
가 빠르고 관심사가 다양하며 영리하다. 관계 맺기에 능숙해서 친
구를 좋아하고 이해력도 좋다. 하지만 지구력이 부족해서 관심사
는 다양하지만 끈기 있게 성취를 이어가기가 어렵다. TV 프로그램
하나를 봐도 거기에 나오는 연예인들의 정보를 알고, 웃음의 코드
를 이해하고, 맥락을 파악하는 이들에게는 세상 모든 게 너무 재밌
다. 예쁜 게 뭔지, 어떤 게 재밌는지, 세상에 무슨 일이 벌어지고 있
는지 촉각을 곤두세우고 모든 걸 캐치한다. 친구랑 말도 잘 통하니
공부 말고도 할 게 너무 많다.

이런 아이들에게 가장 중요한 것은 적절한 차단이다. 특히 전자

기기를 너무 많이 접하게 해주면 안 된다. 이 아이들은 처음 보는 전자기기도 순식간에 깨우칠 만큼 다방면에 관심과 지식이 많다. 아마 한번 스윽 만져보기만 해도 빠르게 사용법과 활용법을 익힐 것이다. 이런 경우 부모가 항상 중간에서 벽을 세워줘야 한다. 절대 아이가 요구하는 모든 걸 제공해주면 안 된다. 저걸 잘하면 이걸 사주고, 이걸 잘하면 저걸 사주는 식으로 계속 보상을 주면 아이는 점점 더 산만해질 것이다.

일단 이렇게 환경을 만들어준 뒤, 아이가 가장 좋아하고 관심 있는 과목부터 공략하자. 가수에게 관심이 많은 아이라면 어쩔 수 없이 음악부터 시작해야 한다. 좋아하는 분야부터 공부시키면 큰 거부감 없이 받아들이며 점수 향상에도 도움이 된다. 예를 들어 아이가 〈선을 넘는 녀석들〉이라는 예능 프로그램을 좋아한다면 역사 과목부터 시키는 것이다.

이런 아이들이야말로 과외 선생님을 붙여줬을 때 효과가 가장 잘 나타나는 유형이다. 선생님이 일대일로 밀착 커버를 하면서 아이가 한눈팔지 못하게 컨트롤하며 공부 방법을 알려주는 게 좋다. 그럼 아이는 서서히 관심사와 교과 과목을 분리하지 않고 흥미를 갖기 시작할 것이다. 멀티 유형의 아이들은 배운 걸 바로바로 써먹는 걸 좋아한다. 역사나 사회 과목은 그런 면에서 좋은 선택이 된다. 주의해야 할 것은, 이 유형의 아이들은 지식수준이 넓고 얕으면서 집중 시간이 짧아 호기심이 많지만 포기가 빠르다는 점이다. 그러니 스스로 재미를 느껴 지속적으로 학습을 이어나갈 수 있게 세심하게 살펴야 한다.

중위권이 도전해볼 만한 카이스트 사이버영재교육원

중위권 아이들이 시간과 노력으로 승부를 봐야 한다고 할 때, 적극 활용해볼 수 있는 기관이 바로 카이스트 사이버영재교육원이다. 인터넷으로만 운영되는 영재교육기관인데 선발 과정이 따로 없고 누구나 수강 신청을 할 수 있다는 점에서 기존의 영재교육원과는 다른 성격을 지녔다. 하지만 수강 신청부터 학습, 과제 등을 모두 혼자 힘으로 해내야 한다는 점에서 전 과정을 끝까지 마치고 수료하기가 결코 쉽지 않다.

기본적인 학습 과정은 12주 동안 e-Book을 통해 주요 개념을 학습하고 창의적 문제 해결 프로젝트를 수행하는 것으로 이루어져 있다. 학습 중에 궁금한 점이 있으면 게시판에 문의할 수 있고 개별 과제들에 대한 피드백을 받을 수 있다.

사이버교육이라고 해도 절대 만만하지 않다. 과제의 절대적인 양도 많은 데다 수준도 높아, 아이가 스스로 탐구하고 도전하고자 하는 의지와 노력 없이는 수료하기가 쉽지 않다. 하지만 그렇기 때문에 시간과 노력을 들여 승부를 봐야 하는 중위권 아이들에게 가장 적합한 교육이 될 수 있다. 영재교육의 혜택도 가져가면서 문제 해결 능력, 사고력, 창의력 등 다양한 영역의 능력도 개발할 수 있기 때문이다.

하위권(IQ 89 이하): 미리 시작하는 직업교육

부모들은 대개 '우리 애가 안 해서 그렇지 하면 잘할 수 있을 것'이라고 믿는데, 사실 많은 경우 그렇지가 않다. 일단 '안 하던 애'를 '할 수 있게' 만드는 게 어렵다. 맛있는 거 사주면서 다음에 잘하자고 어르고 달래보지만 뜻대로 잘되지 않는 건 기초적인 학습 습관이 형성되지 않고 정보가 균형 있게 투입되지 않아서다.

공부를 잘하지 못하는 아이들은 기본적으로 이해력이 낮은 경우가 많다. 일상적인 대화를 할 때도 맥락을 찾지 못하고 딴소리를 하거나 소통이 안 돼서 답답하면 무턱대고 신경질을 내거나 화를 내기도 한다. 상대로부터 입력되는 말이 제대로 이해되지 않으니 자기 생각을 논리적으로 정리해서 전달하는 것도 어려워 대화 자체가 꼬이게 되는 것이다.

이해를 못 한다는 것은 응용력과도 연결되어 있다. 구구단의 원리를 이해하고 외우는 것과 공식처럼 달달 외우는 것은 전혀 다른 결과를 불러온다. 9 곱하기 9가 81이라는 것을 외웠으니 알고는 있지만 숫자 몇 개를 나열한 뒤 가장 큰 수와 가장 작은 수의 곱의 차이를 구하라는 문제가 주어지면 풀지 못하는 것이다. 이 문제가 굉장히 어려운 수준의 문제가 아님에도 바로 이해력의 차이에서 상·중위권과 하위권의 격차가 벌어지기 시작한다.

'그래도 초등학교 때는 어지간하면 공부를 잘한다는데 우리 아이는 왜 성적이 안 나올까' 걱정하는 부모가 있는데, 사실 초등학교 평가 자체가 변별력이 약하다. 초등학교 때는 심화된 시험을 보지 않기 때문에 어려운 문제를 한두 개 틀리면 80점 정도를 무난히 받게 된다. 초등학교 수준의 시험에서는 어려운 문제를 몇 개 끼워 넣어서 변별력을 줄 수밖에 없기 때문에 심화 문제를 풀 수 있느냐, 없느냐에서 100점과 80점의 차이가 생긴다. 심화 문제를 풀어 100점을 받았다는 건 기본적인 원리를 이해했고 사고를 확장할 수 있다는 의미다. 80점을 받았다는 것은 별다른 준비를 하지 않아도 기본적인 문제를 풀 수 있다는 것이지 뛰어나다는 뜻은 아니다. 그런데 대부분 어려운 문제는 풀지 못했지만 80점 정도는 받았으니 '우리 아이가 초등학교 때는 공부 좀 했다'라고 착각하게 되는 것이다. 단지 변별력이 없는 학교 시험의 결과만을 보고서 말이다. 이런 아이들이 중학교, 고등학교 상위 교육 과정으로 가면서 심화 과정에 대한 이해와 경험이 없으니 점수는 점점 낮아지고, '한때는 공부를 잘했으니 언제든 하면 잘할 수 있는데 안 해서 아쉬운 우리 아이'가 되는 것이다.

하위권 아이들은 일단 입력되는 정보를 이해하고 논리적으로 생각하고 체계적으로 사고하는 능력이 부족한 아이들이다. 그런 경험을 제대로 해본 적이 없을 것이다. 또 부족한 지점이 개념 이해인지, 연산인지, 추론 능력인지, 응용이 어디서 어떻게 안 되고 있는지를 명확히 파악해야 한다. 어떤 영역에서 빈틈이 있는지를 정확히 알아야 그것을 적절히 보완하면서 더 잘할 수 있는 영역을 찾아 적절한 적성 교육으로 연결할 수 있다.

방과후 특기적성교육

공부가 아닌 다른 길을 찾으려면 아이의 적성을 알아야 한다. 하지만 적성을 찾겠다고 세상 모든 분야를 다 시켜볼 수는 없다. 이때 적극적으로 활용해야 하는 게 '방과후교실'이다. 모든 학교에는 과목의 차이는 있지만 방과후 특기적성교육 프로그램이 있다. 드론, 한국사, ITQ(Information Technology Qualification, 정보기술자격), 영어회화 등 다양한 분야의 수업이 개설되어 있다.

방과후 특기적성교육의 가장 큰 장점은 저렴하다는 것, 그리고 입문하기에 딱 알맞은 수준으로 진행된다는 것이다. 여기서 진행하는 수업들은 사실 별도의 사설학원에서도 충분히 배울 수 있는 것들이다. 하지만 방과후교실은 한 달에 5만 원 정도지만 학원에 간다면 적어도 15만 원 이상을 지불해야 한다. 아이에게 맞는 적성을 찾기 위해 이것저것 경험하게 해보는 테스트 비용치고는 상당한 금액이다.

방과후교실은 수준별 강좌가 아니기 때문에 커리큘럼은 보통 입문 단계나 중간 정도 수준에 맞춰서 짜여 있다. 그래서 해당 분야에 대한 사전 정보나 지식이 전혀 없어도 부담 없이 수강해볼 수 있다. 이것을 사설학원과 비교해본다면 똑같은 입문 과정을 방과후교실에서는 월 5만 원에, 학원에서는 월 15만 원에 수강하게 되는 것이다.

비용이 저렴하다고 과정의 질이 떨어지는 것도 아니다. 방과후교실 운영에 대한 행정적 가이드가 있기 때문에 전문 분야에 대해서는 외부에서 자격을 갖춘 강사들을 초빙하게 되어 있다. 현업에서 활동하는 현역 전문강사의 수업을 학교에서 부담 없이 받아볼 기회가 널려 있는 것이다. 아이의 수준도 모르면서 학교에서 하는 거라고 무시해서는 안 된다. 자녀가 하위권이라면 빨리 그것을 인정하고 수준에 맞는 적성 교육을 찾아줘야 한다.

공부는 놀이처럼, 놀이는 공부처럼

하위권에 속한 아이일수록 공부를 학습적인 태도로 접근하는 것보다 놀이의 차원으로 접근하도록 유도하는 게 좋다. 가령 아이에게 경우의 수를 가르쳐주고 싶다면, 숫자를 먼저 들이미는 게 아니라 옷장에서 옷을 세 가지 꺼내준다. 블라우스 두 개에 바지 세 개를 주고 '이 옷들을 입을 수 있는 조합이 몇 가지냐' 물어보는 식이다. 문제집의 문제 풀이로 가르친다면 아이는 경우의 수를 추상적인 숫자로 받아들일 것이다. 하지만 옷을 꺼내 코디하는 방법이 몇 가지인지 물어본다면 수학을 일상의 요소로 받아들여 훨씬 쉽게 이해할 수 있다.

하위권 아이들이 공부에 재미를 붙이고 자신의 적성을 찾게 하려면 부모가 공을 많이 들여야 한다. 무작정 학원에 보내는 것으로는 효과를 얻기 힘들다. 학원에서는 하위권 아이들의 부족한 이해

력을 위해 부모만큼 시간을 들일 수 없기 때문에 결과적으로 시간
만 낭비하게 될 가능성이 크다. 이 아이들에게는 손과 발을 이용하
면서 시각적이고 청각적으로, 직관적이고 자극적으로 아이의 감각
을 일깨우고 체험하는 교육이 동반되어야 한다.

연령별·수준별
국/영/수 추천 교재

12세까지는 모든 과목을 빠짐없이 다 잘하는 것보다 기초 과목에서 학습 결손이 생기지 않도록 관리하는 것이 더 중요하다. 평균 성적이 비슷한 아이라도 어떤 아이는 수학을 잘하지만 국어와 영어가 약하고, 어떤 아이는 영어가 뛰어나지만 수학과 영어가 상대적으로 더 떨어질 수 있다. 이 시기에는 자녀의 전체 과목 평균을 가늠하는 것보다 취약한 부분을 보완하고 강한 부분을 끌어올려 주는 세심한 전략이 필요하다.

국어:
'독서'와 '일기 쓰기'만으로 부족하다면

나는 국어만큼은 학원 수강을 권장하지 않는 편이다. 여타 과목들과 달리 국어는 학원을 다닌다고 해도 해결되지 않는 부분이 많기 때문이다.

기본적으로 언어적인 재능을 가진 아이들은 누가 시키지 않아도 스스로 자연스럽게 책을 읽는다. 책을 좋아하고 많이 읽는 아이들이 국어 과목을 못하는 경우는 거의 없다. 그런데 어릴 때부터 학원을 너무 많이 다녀서 시간적 여유 없이 자란 아이들은 독서나 일기 쓰기에 취미를 붙일 타이밍을 놓쳐버린다. 읽고 쓰는 것을 공부가 아닌 일상의 일과처럼 받아들인 아이들과, 학원에서 분석적으로 접근한 아이들의 국어 점수는 차이가 날 수밖에 없다. 초등학생 아이들에게 필요한 국어 교육이란 책을 잘 읽고 일기를 부지런히 쓰는 것이 거의 전부라고 해도 과언이 아니다.

따라서 국어 과목만큼은 상위권과 하위권을 점수가 아닌 '독서'와 '일기 쓰기'를 기준으로 생각해야 한다. 책을 잘 읽고 일기를 꾸준히 써온 아이들이라면 사실 특별히 뭔가를 추가로 할 필요가 없다. 계속해서 책에 대한 흥미를 잃지 않도록 끊임없이 재미있는 읽을거리를 제공하고, 논술잡지도 읽히면서 생각하는 힘을 키워주면 된다. 반대로 시기를 놓쳐 국어를 학습적으로 접근해야 하는 아이들 역시 학원보다는 자기 수준에 맞는 교재를 선택해 차분하게 공부시킬 것을 권장한다.

6~9세	독서를 좋아하는 아이	지속적인 독서 권장
	독서를 힘들어하고 어휘 구사력이 부족한 아이	'세 마리 토끼 잡는 어휘 시리즈' 순서대로 월령에 맞춰 풀기, '교원 빨간펜' 동영상 강의 문제 풀기 유도, 『기적의 독해력』, 『똑똑한 하루 독해』
10~12세	독서를 좋아하는 아이	『위즈키즈』, 『독서평설』 같은 논술 잡지로 비문학 익히기
	독서를 힘들어하는 아이	독후감과 일기 쓰기 연습

6~9세 독서를 좋아하는 아이

독서를 좋아하는 아이에게 중요한 것은 계속해서 책을 좋아할 수 있도록 격려하는 것이다. 다만 방에서 혼자 자기가 좋아하는 책만 읽게 내버려둬서는 안 된다. 독서는 스스로 생각하는 법을 익히게도 하지만, 자칫하면 혼자만의 생각에 빠져들 위험성도 있다. 특히 6~9세 정도의 어린아이의 경우 부모가 곁에서 지도를 잘해야 한다.

물론 책을 좋아해서 많이 읽는 아이를 말릴 필요는 없다. 모든 독서의 시작은 자기가 좋아하고 궁금한 것을 읽는 것이다. 독서 편식이 걱정된다고 일부러 넓혀주려고 애쓰지 않아도 된다. 좋아하는 것만 읽는 아이들도 언젠가는 자연스럽게 분야를 넓히기 시작할 것이다. 이때 아이가 책을 읽으면서 어떤 생각을 하는지, 적절한 책을 선택하고 있는지, 잘못된 정보를 비판 없이 받아들이고 있지는 않은지 확인하며 함께 읽어야 한다.

6~9세 독서를 힘들어하고 어휘 구사력이 부족한 아이

❶ 세 마리 토끼 잡는 어휘 시리즈(NE능률)

'한자어', '고유어', '영단어'라는 세 마리 토끼를 잡는다는 의미의 교재명이다. P(유아~초1), A(초1~2), B(초2~3), C(초3~4), D(초5~6) 단계로 나뉘어 있으며 초등 교육 과정에 나오는 필수 어휘 중심으로 수록되어 있다. 각 연령에 알아야 하는 필수 어휘들이 단계별로 잘 정리되어 있어서 어휘력이 부족한 아이들이 쉽고 재미있게 단어를 익힐 수 있다. 단어가 익숙해지면 책 읽기 습관을 들이기 수월해진다.

❷ 교원 빨간펜

교원출판사의 국어 교재와 단행본들은 대체로 품질이 우수한 편인데, 특히 다른 과목보다 국어에 특화되어 있다. 아쉬운 점이 있다면, 예전에는 '빨간펜' 하나만 단독으로 진행할 수 있었지만 지금은 '스마트 빨간펜'이 생기면서 슬기로운생활과 바른생활 과목까지 모두 세트로 가입해야 한다. 교원 국어 교재를 보려면 나머지 과목까지 원치 않아도 같이 해야 하기 때문에 효율성이 떨어지는 측면이 있다. 좀 더 보충하고 싶다면 '엠베스트 초등' 같은 인터넷 강의를 활용하는 것도 좋다.

❸ 『기적의 독해력』(길벗스쿨), 『똑똑한 하루 독해』(천재교육)

책 읽기를 힘들어하는 아이들은 텍스트를 이해하고 해석하는 것에도 어려움을 느낀다. 책을 많이 읽지 않았기 때문에 '문장 이해'와 '내용 이해'가 종합적으로 이루어지지 않는 것이다. 이런 아이들은 짧고 쉬운 글을 읽는 훈련부터 시작해야 한다. 『기적의 독해력』, 『똑똑한 하루 독해』의 경우 문장 단위의 짧은 텍스트로 시작해 점차 긴 글을 소화할 수 있도록 쉽게 재미있게 구성되어 있다. 하루에 읽을 분량을 일정하게 정하고 매일 조금씩 풀어야 읽기 습관을 들이는 데 도움이 된다.

국어 교과서를 읽히는 것도 좋다. 문제집은 권수도 많고 두꺼워서 책 읽기를 힘들어하는 아이들이 접근하기에 다소 부담이 될 수 있다. 그럴 때는 그냥 교과서를 읽는 것만으로도 충분하다. 교과서를 어느 정도 읽을 수 있다면 전과도 함께 읽으면 좋다.

교과서는 수업에 활용되는 교재라는 전제가 있어서 모든 내용이 다 담겨 있지 않지만 전과는 교과서가 직접 설명해주지 않는 부분들까지 꼼꼼하게 다 실려 있다. 예를 들어 제시된 글이 설명문인지 논설문인지, 서론·본론·결론은 어디서부터 어디까지인지, 글에 담긴 교훈은 무엇인지 모두 해설해준다. 지나치게 많은 정보로 인해 아이 스스로 생각하는 능력을 방해하는 건 아닐까 걱정하지 않아도 된다. 글을 많이 읽어보지 않았던 아이들의 경우에는 이렇게 가이드를 명확하게 잡아주는 전과류를 읽을 때 이해력과 독해력이 향상된다.

10~12세 독서를 좋아하는 아이

❶ 「위즈키즈」(교원)

'융합형 인재들의 시사논술 놀이터'라는 콘셉트로 역사·세계·예술·철학 등 교과 관련 내용을 다양하게 다루는 초등용 사회논술 잡지다.

❷ 「독서평설」(지학사)

초등부터 중고등까지 각 교과 과정의 수준에 맞춰 세 종류로 출간되는 논술잡지로, 난이도가 조금 높은 편이다.

독서를 좋아하는 초등 고학년의 경우, 주로 문학작품을 많이 읽었을 가능성이 높다. 보통은 이야기에 흥미를 느껴 책을 많이 접해왔을 테니 계속해서 동화책 위주로 읽었을 것이다. 그렇다면 고학년이 되면서부터는 논리적인 글 위주로 읽히는 게 좋다. 서사를 따라가는 것에만 익숙해지면 비문학 분야에 취약해진다. 중·고등 과정으로 넘어가면 비문학이 강해지는데, 이 과정이 너무 급작스럽게 느껴지지 않도록 논술잡지를 읽혀두면 도움이 된다. 익숙하지 않은 분야이지만 글이 길지 않고 다양한 주제를 다루기 때문에 충분히 재미있게 읽으면서 논리적 사고를 발전시킬 수 있다.

10~12세 독서를 힘들어하는 아이

❶ 필독서 미리 읽기

이 아이들은 현실적인 독서 전략을 세워야 한다. 읽는 걸 싫어하는 아이들은 쓰는 것도 어려워하고, 쓰는 걸 싫어하는 아이들은 읽는 것도 싫어한다. 초등 고학년이 되었는데도 책 읽는 걸 싫어한다면 자기가 좋아하는 분야의 책이라도 읽도록 유도하면서 학습으로 연결시켜야 한다. 이제는 읽지 않으면 안 되는 시점이 온 것이다.

이 아이들은 앞으로도 독서를 안 할 가능성이 높기 때문에 교과서에 나오는 작품이라도 일단 읽혀야 한다. 교과서에 황순원의 「소나기」가 발췌되어 나왔다면 그 작품만이라도 읽혀보자. 그러면 적어도 자기가 읽었던 텍스트가 수업 시간에 나오니까 교과 과정을 따라가기 편할 것이다. 또 쉽게 읽을 수 있는 한국사 책을 읽힌다면 내용을 미리 숙지하게 되니 마찬가지로 수업을 따라가기가 수월할 것이다.

이 아이들에게는 억지로 독서를 시키려고 애쓰기보다는 교과 과정에 나오는 텍스트들을 전략적으로 읽게 해서 수업을 잘 따라갈 수 있게 관리해주는 것이 좋다. 읽는 것 자체가 힘든 아이에게 독서 습관을 붙여준다는 건 너무 무리한 목표일 수 있다. 교과서에 나오는 작품이라도 읽혀서 수업이나 시험에 유리해지면 점수도 그만큼 따라올 것이고, 그것이 곧 학습에 대한 동기부여가 된다.

❷ 독후감 쓰기

고학년이 되면 학교에서 더 이상 일기 쓰기 숙제를 내주지 않는다. 이 시기에는 독후감을 쓰도록 해야 한다. 교과서 필독서나 한

국사 책을 읽었다면 독서감상문을 짧게라도 쓸 수 있도록 하고 '독
서교육종합시스템(http://reading.gglec.go.kr)'에 독후감을 올리는 게 좋
다. 독서교육종합시스템은 교육부 관할 사이트여서 이곳에 올린
독후감은 학생부에 공식적으로 반영할 수 있다. 따로 심사를 하거
나 선별하는 시스템이 아니라 누구나 어떤 글이든 올릴 수 있으니
꼭 활용하자.

영어:
독해와 문법의 기본기를 갖추려면

영어의 경우 엄마표 학습보다는 학원 의존도가 높은 편이다. 아
이의 수준이 너무 낮으면 어디서부터 손을 대야 할지 막막하고, 반
대로 수준이 높으면 엄마가 읽기·말하기·듣기·쓰기 영역을 모두
지도하기 어려울 수 있다. 따라서 교재 선택에 집중하는 것보다 아
이의 상태에 따라 학습 방향을 큰 갈래로 나눠 고민해야 한다.

6세 이전부터 영어놀이학교에 다녔거나 영어유치원 등을 다니면
서 영어 공부에 많이 노출됐던 아이는 그렇지 않은 아이에 비해 기
본기를 갖췄을 것이다. 이런 경우 읽기·말하기·듣기·쓰기를 빠짐

없이 고루 관리해줘야 조기교육 효과를 극대화할 수 있다.

초등 입학 이후, 그러니까 초등학교 3학년 이후부터 영어를 접했을 경우에는 늦었다고 조바심을 내거나 레벨이 맞지 않는 학원에 집어넣으려 무리하지 않는 게 좋다. 출발점이 다르다고 해서 결승점도 다른 것은 아니다. 결국 아이들은 입시의 문턱에서 만나게 되어 있고, 입시에서 얼마나 좋은 성과를 만들 수 있느냐에 집중해보면 답은 간단하다. 한국의 입시 제도, 즉 '수능'에 맞춰가면 되는 것이다. 독해와 문법을 중심으로 문제를 반복해 풀면서 부족한 부분이 있다면 한국식 어학원의 도움을 받으면 된다.

초등학교 3학년부터 본격적으로 영어 공부를 시작하는 걸 두려워할 필요는 없다. 그때라도 제대로 해두지 않으면 6학년 때 더 힘들어진다. 6학년쯤 되면 아이가 영어로 자기소개 정도는 할 줄 알아야 하는데 파닉스를 놓치고 읽는 것조차 제대로 되지 않는다면 따라잡기가 어렵다. 게다가 초등학교 3학년부터 수학, 과학의 난이도가 갑자기 올라가기 때문에 뒤늦게 영어만 따로 시간을 내서 따라잡기란 쉽지 않다. 조기교육을 받은 아이들보다 뒤처졌다고 생각될 수 있지만 결코 늦지 않았다. 다른 모든 과목이 그러하듯, 영어도 전략적으로 접근하면 얼마든지 길은 찾을 수 있다.

영어 교재들은 상위권은 학원과 병행하는 것을, 하위권이나 초보 단계는 집에서 온라인 수업을 이용해 학습 지도하는 것을 전제로 한다.

6~9세	영어를 처음 시작하는 아이	『Sadlier Phonics』 K/A/B
	AR 레벨 2.8~3.2 또는 5세부터 영어를 시작한 아이	『Vocabulary Workshop』 퍼플(2)/그린(3), 『New Multiple Reading Skills』 D/E/F
10~12세	AR 레벨 1.4~2.5 또는 영어를 시작한 지 1~2년 정도 된 아이	『New Multiple Reading Skills』 A/B/C, 『Vocabulary Workshop』 레드(1)/퍼플(2)
	AR 레벨 3.8~5.8 이상	『Bricks Reading』 250 또는 300, 『Reading Explorer』, 『Vocabulary Workshop』 그린(3)/오렌지(4)/블루(5), 챕터북이나 뉴베리상 수상작 읽기

6~9세 영어를 처음 시작하는 아이

이 시기에는 『Sadlier Phonics』를 권장한다. 우리나라의 파닉스 교재들은 내용이 많고 장황한 편이다. 영어를 처음 시작하는 단계에서는 핵심 요소를 직관적으로 접할 수 있는 교재를 활용하는 게 좋다. 『Sadlier Phonics』 시리즈는 기본적인 모음부터 'ph', 'gh', 'f' 발음과 같이 한국어 발음에는 없지만 꼭 알아야 하는 것들만을 잘 정리해놓은 교재다. 간단명료한 설명과 함께 영어 발음의 필수 요소를 익힐 수 있다.

❶ 『Sadlier Phonics Level』 K(Sadlier-Oxford)

레벨 K의 'Kindergarten', 즉 '유치원 단계'라는 의미다. 다양한 그림과 각종 게임을 통해 기본적인 알파벳을 익히는 데 도움이 된다.

❷ 『Sadlier Phonics Level』 A/B

장모음, 단모음, 이중모음, 복자음, 합성어, 반대말 등 리딩에 필요한 다양한 요소를 일상, 날씨, 곤충, 기념일, 환경 등의 소재와 함께 학습할 수 있다.

6~9세 상위권: AR 레벨* 2.8~3.2 또는 5세부터 영어를 시작한 아이

이 연령의 상위권 아이들은 어휘력과 읽기 연습에 집중해야 한

---

*AR 레벨 영어 리딩 수준을 나누는 기준. 소수점 앞자리는 학년, 뒷자리는 개월 수를 의미한다. 예를 들어 AR 레벨이 1.2라면 1학년 2개월, 3.8이라면 3학년 8개월 정도의 읽기가 가능한 수준이라는 뜻이다. 여기서 학년은 미국의 학년을 의미한다. 공식 사이트에서 제시된 책을 읽고 퀴즈를 풀어 테스트한다. 많은 영어학원이 AR 레벨을 지표로 학생을 선발하며, 가까운 영어도서관에서 유료로 테스트해볼 수도 있다.

다. 8세 정도가 되면 텍스트 이해력이 동반되어야 하는데 보통 학원에서는 미국의 교과서를 주 교재로 사용한다. 집에서 좀 더 체계적인 보충 학습을 시키고자 한다면 다음과 같은 교재를 활용해보기 바란다.

❶ 『Vocabulary Workshop』 퍼플(2)/그린(3)(Oxford)

난이도를 일곱 가지 색깔로 구분해 총 7단계로 구성된 시리즈. 단어의 경우 워낙 방대하기 때문에 아이가 해당 레벨의 단어를 모두 아는지, 모르는지 처음부터 명확하게 알 수 없다. 따라서 항상 한 레벨 정도 낮은 것부터 시작하는 게 좋다. 이 교재의 경우 단어장처럼 단어가 나열되어 있고 마지막에 학습한 것을 확인하는 테스트 페이지가 있는데, 이 부분을 미리 여러 장 복사해두면 유용하다. 단어는 반복적인 암기가 중요하기 때문에 한 번의 테스트로 확실하게 인지했는지 파악하기가 어렵다. 테스트 페이지 때문에 매번 같은 교재를 다시 살 수는 없으니 해당 페이지를 복사해놓고 풀어보고 틀린 단어는 다시 암기해서 풀어보는 식으로 여러 번 반복하는 게 좋다. 더 이상 틀리는 단어가 없을 때까지 반복하는 게 중요하다.

❷ 『New Multiple Reading Skills』 D/E/F(McGraw-Hill)

지문이 간단해서 읽기 편하고 다양한 어휘를 익히기에도 용이한 교재다. 텍스트가 주제별로 구성되어 있어 토픽을 찾는 훈련에도 도움이 된다. 학원에서 미국 교과서를 주 교재로 학습하다 보면, 미국 초등학교 기준 3학년 수준이 되면 텍스트 내용이 상당히 어려워진다. 미국 교과 과정에서는 3학년이 되면 인문사회 영역의 텍스트를 접하기 때문이다. 『New Multiple Reading Skills』의 경우 난이도가 낮은 것부터 높은 것까지 단계가 굉장히 세밀하게 나뉘어 있어서 자신의 수준에 맞는 텍스트를 선택해 활용하기에 좋다.

「주니어 헤럴드」 같은 어린이 영자신문을 읽는 것도 도움이 된다. 국내외 주요 소식과 연예·문화·건강·인물·스포츠 등 흥미롭고 다양한 주제로 쓰인 짧은 기사들로 이루어져 있어 재미있게 영어 텍스트를 접할 수 있다.

영어 수준이 상위권인 10세 정도의 아이들이라면 라이팅 연습을 시작할 수도 있지만, 현실적으로 집에서 부모의 지도만으로 진행하기에는 한계가 있다. 부모가 영어 교사가 아닌 이상 라이팅은 전문가의 도움을 받는 것이 좋다. 문법이나 어법을 정확하게 적용해야 하는 영역이기 때문에 조금이라도 틀린 정보를 심어주지 않도록 주의해야 한다. 또한 라이팅은 영어가 또래보다 아주 뛰어나지 않은 이상, 문법을 본격적으로 공부할 때 시작해도 늦지 않으니 서두르지 않도록 하자.

0~12세 AR 레벨 1.4~2.5 또는 영어를 시작한 지 1~2년 정도 된 아이

❶ 『New Multiple Reading Skills』 A/B/C

영어 학습을 접한 지 얼마 되지 않은 아이라면 처음부터 너무 무리하지 않게 접근하는 것이 중요하다. 이 시리즈는 수준별로 굉장히 세밀하게 단계가 구분된 교재이기 때문에 비교적 기초 단계인 A, B, C 레벨을 선택해 학습해보길 권장한다. 이 시리즈는 단계가 올라갈수록 수능형 문제와 비슷한 유형으로 구성되어 있어, 영어를 늦게 시작한 아이들이 한국식 입시 영어에 자연스럽게 적응하는 데 도움 된다.

❷ 『Vocabulary Workshop』 레드(1)/퍼플(2)

레드와 퍼플은 가장 기초적인 단계다. 레드는 초등학교 1학년, 퍼플은 2학년 수준의 어휘력을 기준으로 하기 때문에 이제 막 영어를 시작했다면 부담 없이 볼 수 있는 어휘력 교재다. 마찬가지로 테스트 페이지는 따로 복사해뒀다가 여러 번 반복해서 풀며 단어를 빠짐없이 익히도록 한다.

10~12세 AR 레벨 3.8~5.8 이상

❶ 『Bricks Reading』 250 또는 300(Bricks)

각 권에 실린 단어의 개수를 기준으로 30~300까지 다양하게 나와 있다. 표지에 쓰인 70, 150, 300 같은 숫자를 보고 책에 수록된 단어의 개수를 가늠하면 된다. 하나의 책은 세 권으로 분권되어 있다. 이 책은 다양한 방식의 읽기 연습을 통해 어휘력과 독해력을 키울 수 있는데, 'Truth or False(O/X 찾기)', 'Synonym & Reference(유의어와 예문)', 'Insight & Understanding(통찰력과 이해력)', 'Writing & Paraphrasing(작문과 해석)', 'Summary(요약)' 등 다양한 포맷으로 구성되어 있다.

쉽고 재미있게 접근한다기보다는 영어 학습의 각 영역을 빠짐없이 훑는다는 점에서 상위권 아이들의 심화 과정 교재로 활용하기에 적당하다. 여기서 실력이 더 뛰어난 아이들은 『Bricks Intensive Reading』 시리즈로 넘어가기도 하는데 미국 초등학교 6~7학년 수준이다.

❷ 『Reading Explorer』(Cengage Learning)

『내셔널 지오그래픽*National Geographic*』의 자료를 활용한 읽기 교재다. 다양한 논픽션 주제를 다룬 텍스트가 제공되고 토익이나 토플 등 공인 영어 시험을 대비하는 데에도 도움 된다. 다소 난이도가 있긴 하나 『내셔널 지오그래픽』 기사를 활용한다는 점에서 영어와 함께 흥미로운 정보들을 함께 습득할 수 있다는 장점이 있다. 온라인 워크북 사이트를 이용할 수 있는 코드가 수록되어 있어서 다양한 영상 시청 병행이 가능하다.

❸ 『Vocabulary Workshop』 그린(3)/오렌지(4)/블루(5) (Oxford)

그린, 오렌지, 블루는 미국 초등학교 3~5학년에 해당된다. 마찬가지로 단어를 완전히 익혔는지 확인하기 위해서는 테스트 페이지를 따로 복사해두고 여러 번 테스트해보는 것이 좋다.

그 밖에 챕터북이나 뉴베리상 수상작 같은 동화책을 틈틈이 읽어두는 게 좋다. 교재는 아무래도 학습적인 요소가 많아서 영어를 공부하듯 접근하게 되고 금방 지칠 수 있다. 영어가 기본적으로 의사소통을 위한 언어 도구라는 점을 잊지 말고 문학작품을 통해 재미도 함께 느낄 수 있도록 해주는 게 좋다.

뉴베리상은 '아동 도서계의 노벨상'이라 불릴 만큼 권위를 인정받는 문학상으로, 전미도서관협회가 주관하여 시상한다. 인터넷 서점에서 '뉴베리상 수상작'을 검색하면 다양한 한국어 번역본과 영어 원서를 찾아볼 수 있으니 아이의 수준에 맞는 책을 함께 고르면 된다.

챕터북은 짤막한 영어 동화책으로 여러 개의 챕터로 이루어져 있다. 영어 그림책보다 글밥이 많고 서사가 더 촘촘해서 영어 읽기를 본격적으로 시작하는 아이들이 영어 소설로 넘어가는 단계에서 읽으면 좋다. 마찬가지로 챕터북을 검색하면 다양한 도서들을 찾을 수 있으니 아이 수준에 맞춰 선택하면 된다.

수학:
사고력과 이해력을 확장하려면

수학의 경우 사고력수학을 시작해야 하는 아이와, 교과 과정에 맞춰가야 할 아이로 나눌 수 있다. 학교 수업이 이제는 너무 쉽고 시시하다고 느낄 정도로 수학에 강하다면 상위 개념을 빠르게 이해할 수 있다는 뜻이므로 한두 학기 선행학습을 하는 것보다는 사고의 영역을 확장하는 게 좋다. 하나의 문제를 다양한 방식으로 풀어내는 사고력수학을 접하고 나면 단순히 점수를 잘 받는 것 이상의 수준에 도달할 수 있다. 훗날 경시대회 경력을 쌓으려면 심화 문제를 풀 수 있어야 하는데, 단순히 선행학습을 하는 것만으로는 한계가 있다. 잘하는 아이들은 '앞서'가지 말고 '깊게' 가야 한다.

6~9세	숫자 단위를 힘들어하는 아이	1~100까지 숫자판 이용하여 수 모으기·수 가르기·뛰어 세기·묶어 세기 학습
	숫자에 거부감이 없는 아이	기본 연산으로 수학 접하기, 『기탄수학』, 『빅터 연산』
	숫자에 강한 아이	『기적의 계산법』, 『초등 창의사고력 수학 팩토』, 『영재사고력 수학 1031』
10~12세	문제 이해력과 연산 능력이 부족한 아이	『디딤돌 초등수학 기본편』, 『기탄수학』
	문제 이해력이 중간 이상 되는 아이	『쎈 초등수학』
	문제 이해력과 연산 능력이 뛰어난 아이	기본 문제집 『쎈 초등수학』 + 심화: 『최상위 초등수학』, 『최고수준 수학』

6~9세 숫자 단위를 힘들어하는 아이

1부터 100까지 적힌 숫자판을 이용해 수 모으기, 수 가르기, 뛰어 세기, 묶어 세기를 하는 것만으로도 숫자에 대한 기본 개념을 익힐 수 있다. 아무런 규칙 없이 나열된 것처럼 보이는 숫자들을 모으고 가르고 묶어 읽으면서 그 안에 질서가 있다는 개념을 자연스럽게 깨닫게 되는 것이다. 숫자 자체를 이해하지 못하면 연산으로 이어가기 어렵다. 기초적인 개념 이해는 어려운 것이 아니니 우선 숫자에 익숙해지고 질서와 규칙을 이해할 수 있도록 숫자판부터 활용해보자.

6~9세 숫자에 거부감이 없는 아이

❶ 『기탄수학』(기탄교육)

4세부터 중학교 3학년까지, A단계부터 M단계까지 총 13단계로 구성되어 있고 단계별로 다섯 권의 교재가 있다. 숫자 세기부터 숫자 쓰기, 덧셈과 뺄셈 연산까지 다룬다. 학년이나 나이를 기준으로 나뉘어 있지 않다. 가령 A단계에서는 숫자를 세는 것부터 시작하고 D단계 정도 되면 한 자리 더하기 한 자리가 반복되는 식이다. 각 단계마다 지루할 정도로 문제가 반복되므로 연산 훈련을 확실히 익히기 용이한 교재다. 아이가 어떤 연산식을 어려워하는지 파악한 뒤 부족한 부분을 보충할 수 있는 단계의 책을 골라 반복 학습을 시키는 게 중요하다.

❷ 『빅터 연산』(천재교육)

아이 수준에 맞는 연산 문제집을 고르기 어렵다면 이 교재를 추천한다. 학년과 학기를 기준으로 레벨이 나뉘어 있기 때문에 해당 학년에 꼭 알아야 하는 연산식이 한눈에 파악된다.

6~9세 숫자에 강한 아이

❶ 『기적의 계산법』(길벗스쿨)

딱딱한 수식을 시각화된 이미지로 구현해 계산 원리를 체험할 수 있는 '연산 시각화 학습법'에 따라 구성된 교재다. 연령에 맞는 적당한 연습량을 배분해 집중력을 잃지 않게 구성되어 있다. 엄마가 지도해야 할 부분에 대한 섬세한 가이드도 곁들여져 있어 엄마와 아이가 함께 공부하기 좋다.

이 책의 가장 큰 특징은 연산의 기본이 되는 자릿수 단위를 칸으로 만들어놓았다는 것이다. 세로식을 할 때 아이들이 일의 자리, 십의 자리, 백의 자리를 헷갈리지 않도록 가이드하는 칸이 있기 때문에 시각적으로 눈에 익히며 연산 훈련을 할 수 있다. 숫자의 각 단위 개념을 익히기에 좋은 교재다. 전반적으로 난이도가 높은 편이어서 숫자에 강한 아이들이라면 풀어볼 만하다.

❷ 「초등 창의사고력 수학 팩토」(매스티안)

사고력수학 교재로, 5세부터 초6까지 연령별·학년별 단계로 구성되어 있으며 주로 상위권 학생의 수준에 맞춰져 있어 영재학급, 영재교육원, 경시대회 준비를 위해 많이 찾는다. 수학적 기본 개념을 바탕으로 창의사고력 아홉 개 영역의 다양한 주제를 통해 문제를 해결하는 능력과 직관적 사고력, 논리적 사고력, 과제 집착력, 창의력을 키울 수 있도록 구성되어 있다. 문제 유형별 분류는 명확하지 않지만 한 권 안에서 여러 유형의 문제를 풀어보기에 적절한 교재다.

각 학년과 학기를 기준으로 분류되어 있으니 자기 학년에 맞는 문제집을 선택하면 된다. 예를 들어 1학년 2학기라면 1-B, 2학년 1학기라면 2-A를 선택하는 식이다.

❸ 「영재 사고력 수학 1031」(시매쓰)

영재교육원을 준비하는 학생들을 위한 교재. 과학, 스포츠, 음악, 미술, 영화, 이야기 등과 수학을 융합한 통합형 문제 위주로 구성되어 있는 사고력수학 문제집이다. 비슷한 유형의 문제가 난이도별로 구분되어 있어 아이 수준에 맞는 문제들을 찾아서 풀기 좋다는 장점이 있다.

연산 문제집과 사고력수학 문제집은 학년을 구분하는 게 의미가 없다. 아이가 부족한 부분을 먼저 체크해서 파악한 뒤 그 부분을 보충할 수 있는 단계를 직접 찾아서 풀어야 한다. 연산 훈련의 경우 문제집 전체를 다 풀어야 한다는 의무감으로 접근시키지 않기 바란다. 이해가 부족한 부분은 세심하게 여러 번 반복하고, 아는 부분은 간단하게 짚고 넘어가는 식으로 풀어야 지치지 않고 지속할 수 있다.

10~12세 문제 이해력과 연산 능력이 부족한 아이

❶ 『디딤돌 초등수학 기본편』(디딤돌)

이 교재는 기본, 기본+유형, 기본+응용, 응용으로 구분되어 나온다. 연산을 힘들어하는 아이들은 가장 초보 단계인 기본 문제집을 푸는 게 좋다. 대체로 문제의 난이도가 낮고 문제집의 두께도 얇아 중도에 포기하지 않고 끝까지 풀기에 편하다. 수학 문제 이해가 힘들 때는 어려운 문제를 애써 극복하게 하기보다는 쉬운 문제집을 여러 번 풀게 하는 게 좋다. 어려운 문제만 계속 붙들고 있으면 금방 흥미를 잃고 만다. 자신감을 갖고 지속적으로 앞으로 나아가려면 문제를 하나하나 해결해나가는 성공 경험을 많이 쌓는 게 중요하다.

❷ 『기탄수학』

수준에 맞는 단계를 찾아 반복적으로 연습하고, 부족한 부분이 뭔지 파악해 해당 연산식이 있는 단계를 풀어본다.

10~12세 문제 이해력이 중간 이상 되는 아이

『쎈 초등수학』(좋은책신사고)

'신사고 쎈' 시리즈는 종류가 매우 많은데, 문제 이해력이 중간 이상 된다면 중간 정도 단계인 『쎈 초등수학』을 추천한다.

『쎈 초등수학』은 학년과 학기를 기준으로 나뉘어 있고 한 권의 문제집 안에서도 난이도가 A, B, C로 구분되어 있기 때문에 순차적으로 문제를 풀어가면 된다.

10~12세 문제 이해력과 연산 능력이 뛰어난 아이

이 아이들은 현재 자기 학년의 기본 문제집과 한 학기 정도 앞선 심화 문제집을 병행해서 풀어보는 게 좋다. 예를 들어 3학년 1학기라면 3학년 2학기 기본 문제집(『쎈 초등수학』)과 3학년 1학기 심화 문제집(『최상위 초등수학』 또는 『최고수준 수학』)을 함께 푸는 식이다. 너무 쉬운 걸 반복해도 흥미를 잃고 갑자기 어려운 걸 접해도 좌절하게 되기 때문에 적당한 도전 과제가 있는 게 좋다.

[수학학원 정보]

- **브레노스**: 사고력수학 학원. 수학동화 같은 책을 읽으면서 수학을 논술처럼 접근하고자 하는 아이들에게 적절하다.

- **생각하는 황소**: 각 학년 수학 진도에 충실한 학원. 내신에 집중하고자 할 때 보내는 경우가 많다. 규모도 상당하고 최근 학부모들 사이에서 인기가 좋다. 아이의 현 수준을 파악하기 위해 이 학원의 시험을 봐서 실력을 체크하기도 한다.

- **다함수학**: 연산에 특화된 학원. '생각하는 황소'의 입학시험을 보려면 연산 실수를 하지 않아야 하기 때문에 정확하고 빠른 문제 풀이를 위해 보내는 경우가 많다.

- **소마 사고력수학, CMS에듀**: 사고력수학 학원. 소마와 브레노스가 초등 저학년 이하의 어린아이들 대상이라면 CMS에듀는 대상 학년이 좀 더 넓다.

학습의 방향을 잡아나가는 시기

✔ 책 읽기가 힘들면 짧은 글을 읽힐 것

책 읽기를 힘들어하는 아이들은 한 권의 책을 소화하기 어려울 수 있다. 문장을 읽고 문장으로 표현된 내용을 이해하는 종합적인 과정 자체가 어려운 아이들에게 무작정 책을 읽으라고 들이밀면 곤란하다. 문장 단위의 짧은 텍스트부터 시작해 점진적으로 긴 글을 소화할 수 있도록 하고 하루에 읽을 분량을 조금씩 정해놓으면 쉽게 지치지 않고 꾸준히 이어나갈 수 있다.

✔ 선행학습에 집착하지 말 것

선행학습은 예습의 수준과 범위를 넘어가지 않도록 해야 한다. 다음 수업에 대한 준비로 적절하게 예습하는 것은 도움이 된다. 그러나 다음 학기 혹은 다음 학년의 교과 과정을 미리 마스터하고 간다는 생각으로 접근해서는 안 된다. 당장의 성적은 잘 받을 수 있을지 몰라도 학습 능력 발달에는 도움 되지 않는다. 미리 배우는 것보다 제학년 학습 내용을 충분히 이해하고 다음으로 넘어가는 게 더 중요하다.

✔ 영어를 늦게 시작했다면 입시형 학습을 시킬 것

초등학교 3학년이 되어서야 학교 수업 시간에 처음으로 영어를 시작하게 됐다고 불안해하지 말자. 무리하게 레벨이 맞지 않는 학원에 보내거나 집중 과외로 따라잡으려고 하기보다는 학습의 방향을 현실적인 길로 돌리는 게 좋다. 이때 제대로 해두지 않으면 6학년, 중·고등학생 때 더 힘들어진다. 외국인과 유창한 대화를 하는 게 목적이 아닌 이상, 수능에 맞춰서 독해와 문법 중심으로 반복적으로 문제를 풀며 다가올 입시를 대비하는 게 시간을 아끼는 길이다.

✔ 선생님의 평가를 흘려듣지 말 것

선생님과의 면담에서 아이에 대해 원하는 평가를 듣지 못했다고 무시하거나 흘려듣지 말자. 누구나 상황에 따라 다른 모습을 보여주듯, 집에서 엄마가 보는 아이와 학교에서 선생님이 보는 아이는 분명히 다를 수밖에 없다. 그리고 그 모습 또한 우리 아이의 모습이다. 선생님은 해마다 30명 이상의 아이들을 경험하기 때문에 데이터가 풍부하다. 선생님의 전문가적 시각과 노하우, 조언에 귀 기울이자.

✔ 한 번쯤은 지능검사를 시켜볼 것

발달장애의 일종인 아스퍼거 증후군의 증상은 보통 초등학교 1~2학년 사이에 발현되는 경우가 많다. 아스퍼거 증후군이 아니더라도 어릴 때는 몰랐던 다양한 징후들이 학교생활, 즉 사회성이 요구되는 시기에 드러날 수 있다. 초등 입학 후 한 번쯤은 지능검사를 받아보기를 권한다. 전문적인 분석을 통해 아이의 성향을 파악하고 그에 맞는 학습법을 찾는 데 도움이 될 것이다.

3장

엄마와 아이의 팀워크를 망치는 말실수

66

작정하고 아이를 망치려는 부모는 없다.

그러나 '결국' 망가뜨리는 부모는 많다. 아이를 위한다는 명분을 앞세워

잘못된 멘토링을 반복하는 부모, 그리고 그게 잘못임을 전혀

자각하지 못하는 부모가 그들이다. 매달 아이에게 최신 정보와 최고의

교육을 찾아 떠안기는 대치동 부모에게서조차, 자녀를 어디로 어떻게

이끌어야 하는지 모른 채 눈 먼 돈만 낭비하는 모습을 많이 봤다.

학습에 관한 지원이라면 아낌없이 베풀고 있다고 안도하지 말자.

투자한 만큼 '결과'를 얻고 싶다면, 부모의 멘토링부터 바로 서야 한다.

99

"모자란 거 없이
다 해줬으니 좋아지겠지"

'다' 해주려 하지 말고
'필요한' 걸 해주세요

"집안 분위기요? 화목한 편이죠. 아빠랑 애들도 친하게 잘 지내고요."

아이 상태를 보니 거짓말이다. 아이는 무기력하고 엄마의 눈빛은 불안하게 흔들린다. 상담할 때 아이가 앉아 있는 자세만 봐도, 엄마 시선만 봐도 상태가 파악되는데 엄마는 계속 아름다운 이야기만 하고 있다.

그동안 많은 학부모를 상대로 상담하면서 숱한 거짓말을 들었다. 상담에서는 자신과 아이의 상태에 대한 있는 그대로의 정보를

139

전해줘야 그에 맞는 솔루션을 제시할 수 있음에도, 부모들은 때로 자신의 상황을 숨기거나 조금 과장해서 말한다. '우리 가족은 화목하고 나의 성장 과정은 행복했으며 현재 남편과의 관계도 원만하다'라는 아름다운 이야기가 펼쳐진다. 아이의 상태를 보면 부모와의 관계가 어긋나 있는 게 분명한데, 그 문제가 학습에까지 영향을 미치고 있는데 어딘가 앞뒤가 맞지 않는 이야기만 늘어놓는다. 이런 경우 간단한 검사지를 작성하게 해보면 문제의 윤곽이 조금이나마 드러난다. 부모들이 자신의 상황에 대해 솔직하지 못한 것을 탓하고 싶지는 않다. 상담 과정에서 자신의 어떤 모습까지 드러내도 좋은지, 이 정보가 이 상담에 필요한 것인지 확신하지 못하면 방어적인 자세를 취할 수밖에 없기 때문이다.

문제는 자신의 가면을 모르는 사람들이다. 거짓을 말하면서도 이것이 우리 가족의, 우리 아이의, 스스로의 진실된 모습이라고 믿는 것이다. 자기 자신을 속이고 속고 있으면서 그것을 깨닫지 못하는 경우에도 상담은 원활하게 진행될 수 없다. 반면 아이들은 거짓말을 못 한다. 아이들은 늘 도움을 받고 싶어 한다. 상담 과정에서 조금이라도 기회가 생기면 자신이 처한 상황을 솔직하게 전하고 싶어 한다.

공부법에 대한 상담을 하는데 엄마의 인생이나 가족관계, 아이와의 관계가 왜 중요하냐고 되물을지도 모르겠다. 과연 자녀의 공부가 이 모든 관계와 완전히 별개의 문제가 될 수 있을까? 부모가 매일 싸운다면, 부모의 성장 과정에 문제가 있다면, 형제자매와의 관계에 문제가 있다면, 부모와 자녀의 관계가 악화되어 소통이 단절되어 있다면, 아이가 온전히 공부에 집중할 수 있을까? 내가 아무리 공부 시간표를 짜주고, 효과적인 공부법을 알려줘도 아이가 관계 맺고 있는 모든 것이 불안하고 흔들린다면 아무 소용이 없다.

부모는 아이를 어떻게 교육해야 할지 갈피를 잡지 못하고 자기 자신을 믿지 못해 여기저기 손을 뻗으며 헤매곤 한다. 학습 컨설팅을 받는 것도 그 답을 찾고자 애쓰는 노력의 일환일 것이다. 이러한 노력들은 충분히 존중받을 만하다. 하지만 불안하고 흔들릴 때 외부에 손을 뻗기 전에 자신이 원하는 게 무엇인지 먼저 잘 들여다봐야 한다. 상담을 받으러 온 엄마들에게 '인생을 어떻게 살고 싶냐' 물으면 답이 쉽게 나오지 않는다. 반면 '아이가 어떻게 살기를 바라느냐' 물으면 곧장 답한다. 정말 이상하지 않은가. 자신의 인생에는 지향점이 없는데 아이의 인생에 목표가 없는 사람은 없다. 엄마들의 삶은 어디로 가버린 걸까.

엄마의 삶에는 미래가 없고 오직 과거만 존재하는지도 모른다. 지나온 자신의 인생에서 아쉬웠던 것을 아이에게 충족시켜주면 그

것이 곧 '나의 미래'요, '아이의 미래'라고 착각하는 것이다. 자신의 성장기에 부족했던 것, 못했던 것을 아이를 통해 이루고자 하는 마음이 앞서면 더 중요한 것을 놓친다. 아이의 인생은 엄마의 인생이 아니다. 과거에 자신이 부족하다고 느꼈던 걸 아이에게 채워준다고 해서, 그것으로 엄마의 삶이 완전해지는 게 아니라는 것이다.

'내가 이렇게 노력했는데 왜 아이는 따라주지 못할까?'

이런 의문 때문에 엄마는 끊임없이 흔들리고 불안하다. 무엇을 얼마나 어떻게 더 해줘야 하는지 답을 찾지 못한다. 그런 과정 속에서 가정의 불화가 생기고 아이와의 관계도 어긋나버린다. 그런 현실을 인정하는 것도 쉽지가 않다. 때로는 가면을 쓰고 회피하는 게 가장 쉬운 일처럼 느껴진다. 자신에게 솔직하지 못하고, 제 삶을 똑바로 직시하지 못하고 삶의 지향점을 잃어버리면 모든 것은 흔들린다. 무엇보다 아이의 인생이 흔들린다. 엄마가 자신의 현실을 똑바로 바라보고 중심을 잡는 것이 그 무엇보다 중요하다는 걸 잊지 말았으면 한다.

"알아서 잘 이겨낼 수 있지?"

버팀목 없이 큰 아이는 재능도 마음도 웃자랍니다

"백번 잔소리해봤자 소용없어요. 저는 그냥 우리 애를 믿어요."

아이를 믿는 것과 방치하는 것의 경계는 어디일까? 아이가 어떤 문제에 부딪혔을 때 아이 스스로 그것을 해결하고 극복해나갈 수 있도록 기다려준다면 그것은 믿음일까, 방치일까? 기다림 자체가 무책임한 방임은 아니다. 하지만 기다림의 과정에서 부모가 해야 하는 역할이 있다. 아무것도 하지 않고 아이가 알아서 하도록 내버려두는 건 망망대해에 아이를 홀로 던져놓고 살아 나오라는 것이나 다름없다.

음악에 대해 이야기하는 게 재밌고 그림 그리는 모습을 친구들에게 보여주는 것을 좋아하던 아이가 있었다. 예체능을 전공하며 누구보다 예술과 문화를 사랑하는 아이였다. 이런 아이의 모습이 또래 친구들에게 쉽게 받아들여지지 않은 모양이었다. 아이는 학교에서 왕따를 당하고 자주 맞았다. 결국 불안장애까지 와서 정신과 치료를 받게 됐다.

엄마는 아이를 사랑으로 감싸 안았다. 아이를 때리고 왕따시켰던 친구들을 집으로 불러 밥을 해주고 간식을 만들어주면서 더 잘해줬다. 하지만 돌아서면 친구들은 아이를 또 괴롭혔다. 그래도 엄마는 포기하지 않았다. 아이에게 끊임없이 괜찮다고, '네가 잘못하거나 이상해서가 아니라 친구들이 너를 이해하지 못하는 것뿐'이라고 다독였다. 대학 입시에서 원하는 대학에 가지 못해서 아이는 스스로를 실패자라고 생각하며 패배감에 절망했지만, 엄마는 끝까지 아이를 사랑으로 돌봤다.

또래 집단에게 괴롭힘당한 경험은 시간이 지나면 잊힐 어린 시절 추억 같은 게 아니다. 아이에게는 평생의 상처와 트라우마로 남아, 남은 인생까지 영향을 끼친다. 상처를 치유하는 일은 평생에 걸쳐 계속된다. 이 아이의 삶이 앞으로 어떻게 이어질지는 아무도 모른다. 다만 분명한 것은 '언제든 내 편이 되어주는 존재가 있다'

라는 믿음, 그 하나만으로도 아이는 희망을 가질 수 있다는 것이다. 이 아이의 엄마가 가진 가장 큰 미덕은 아이가 의지할 수 있는 존재로 늘 그 자리에 서 있었다는 점이다. '아무리 힘들어도 우리 엄마는 지구 끝까지 나와 함께 갈 것'이라는 믿음은 아이의 인생에 아주 든든한 버팀목이 되어줄 것이다.

학교생활에 문제가 있다면 성적보다는 정서적인 측면의 지원이 우선되어야 한다. 아이의 상처를 보듬고 다독여주지 않으면 학습적인 면에서도 좋은 결과를 기대하기 힘들다. 마음이 힘들고 모든 게 뜻대로 되지 않는데 어떻게 공부에 집중할 수 있겠는가. 특히 교우 관계에 문제가 있을 경우, 아이 스스로 그걸 극복해내기는 어렵다. 아이들은 습관처럼 "내가 알아서 할게"라고 말하지만 그 말을 곧이곧대로 받아들여서는 안 된다. 아이가 혼자 알아서 해결했다면 더 이상 고민할 일도 없겠지만, 과연 그럴까.

엄마는 '세상의 마지막 쉼터'인 것처럼 아이를 보듬어주고 문제 해결을 위해 함께 고민해야 한다. 부모와 아이의 절대적인 신뢰가 없다면 왕따 같은 심각한 문제를 겪을 때 아이는 순식간에 무너져버린다. 언제든 모든 걸 다 내어주고 '네 편이 되어줄 것'이라는 강력한 믿음, 그것이 공부보다 먼저다.

"그래서, 다음번엔 몇 등 하겠어?"

부모 혼자 앞서가면 아이는 뒷걸음질 칩니다

"교재는 어떤 걸로 시작할까요?"

"네?"

잠시 말문이 막혔다. 이 부모님은 상담 시간 동안 뭘 들으신 걸까. 아이가 아주 고통스럽게 겨우 자기 이야기를 털어놓고 마음을 다잡기 시작했는데, 아버님은 난데없이 문제집 얘기로 껑충 점프해 버렸다.

이 가족의 첫 상담 대상은 큰딸이었는데, 공부도 아주 잘하고 머리도 좋은 학생이었다. 학 학교에서 전교회장을 할 정도로 다방

146

면에 재주가 많았지만, 교우관계 문제로 갑자기 공부를 포기해버린 케이스였다. 고등학교 3년을 엉망으로 보내자 부모는 재수를 시켜야겠다고 했다. 마음이 치유되지 않은 상태에서 재수가 과연 의미가 있을지 의문이 생기던 찰나, 동생이 말문을 열었다. 똑똑하고 잘나갔던 언니도 망가졌는데 그보다 못한 자신이 뭘 어쩌겠냐고.

알고 보니 가족들의 갈등이 너무 깊어서 동생이 설 자리가 없었다. 집안 분위기가 계속 침체되어가면서 동생까지 덩달아 우울감에 빠졌지만, 가뜩이나 언니 일로 정신없는 부모에게 자신의 고민까지 보탤 수 없었다. 부모도 둘째 딸이 힘들어하고 있다는 걸 어렴풋이 짐작했지만, 큰아이 문제가 너무 컸고 둘째가 자신의 아픔을 드러내지 않으니 막연히 괜찮겠거니 생각했던 것이다.

"엄마, 아빠, 언니…… 다들 자기 인생을 살았으면 좋겠어요. 서로 그만 미워하고 사랑이라는 이름으로 욕심부리지 말았으면 좋겠어요."

아이가 울면서 말했다. 무력감과 우울감에 빠져 아무것도 하지 못했던 아이는 상담을 하면서 조금씩 마음을 다잡고 있었다. 부모와 언니의 싸움을 지켜보는 게 너무 힘들어서 자기 얘기를 한 번도 털어놓지 못했던 동생이 드디어 처음으로 속내를 드러낸 순간이었다. 그런데 바로 그 순간에, 아이의 아버지는 모든 게 다 해결됐다고 생각했는지 곧장 성적을 올리는 주제로 넘어가버린 것이다.

물론 부모 마음이란 게 그렇다. 마음의 상처를 언제까지나 마냥 다독이고 달래줄 수 없는 게 부모 마음이다. 상처를 받았다고 마음만 달래주다가, 그렇게 공부를 모른 척하다가 아이의 미래가 잘못되면 어쩌나, 불안한 마음이 들 수 있다. 부모의 마음은 늘 급하고 우리나라에서는 여전히 공부와 대학이 성공적인 인생을 보장하는 열쇠로 작용하는 것도 사실이기 때문이다.

부모 세대에 비해 지금의 세대는 박탈된 기회가 너무 많다. 한때는 기업에서 대학으로 인재를 '모시러' 오고 한 번 입사한 직장은 평생직장이 되어 은퇴할 때까지 안정적인 생계가 보장됐지만, 지금은 아니다. 명문대를 나와도 취업이 힘들고 급여 수준은 크게 달라지지 않았는데 물가는 열 배 이상 높아졌다. 치열한 경쟁 속에 내몰린 아이들을 바라보면 마음이 급해지지 않을 수 없다.

그러나 반드시 명심해야 할 것은, 아이의 마음보다 부모가 앞서 나가면 아이는 경쟁에 뛰어들 힘마저 잃는다는 것이다. 상처를 보듬어줘야 할 시간에는 온전히 그것에만 집중해야 한다. 마음을 치유한다는 것은 한두 번의 상담만으로 되는 문제가 아니다. 이제 겨우 스스로 마음을 추스르기 위해 처음으로 목소리를 냈는데, 그걸로 마무리가 다 됐다고 생각하면 곤란하다. 아이는 이제 막 준비운동을 했을 뿐인데 부모는 막판 스퍼트 전략을 고민하고 있는 것이나 다름없다. 이런 식으로 몰아붙여서는 아이가 출발선에 서기도 힘들다.

"우리 아들,
학원 보내줬더니 똑똑해졌구나"

똑똑해진 게 아니라
한시적 입력의 결과일 뿐입니다

"애가 좀 산만한 거 같아서 기체조를 보내고 있어요. 애가 왜 이렇게 산만한지 몰라."

초등학교 1학년 아이가 영어학원과 과외를 다섯 군데 다니고 있다고 했다. 영어를 따로 배우지는 않았지만 사립초등학교가 좋다는 말을 듣고 아이를 사립초에 보냈고, 그때부터 본격적인 '영어 뺑뺑이'가 시작됐다고 한다.

맨 처음, 학교 영어 수업을 잘 따라가지 못하는 것 같아서 영어학원을 보냈더니 학원에서 라이팅이 부족하다고 하더란다. 그래서 라이팅학원을 보냈다. 그 후 수업 시간에 다른 애들은 유창하게 영어 말하기가 되는데 제 아이는 안 되는 것 같아서 스피킹 학원에 보냈고, 문법이 부족한 것 같아서 그래머 학원에 보냈고, 영어로 소통하는 걸 연습시키기 위해서 화상영어 과외를 시켰다. 그러다 보니 아이가 좀 산만한 것 같아서 기체조까지 시키고 있다는 것이다. 영어학원만 다섯 군데를 다니는 초등학교 1학년 아이가 산만하지 않다면 그거야말로 이상한 일 아닐까?

아이에게 밥을 먹이면서 무기질이 부족하니까 당근을 먹이고 비타민이 부족하니까 영양제와 과일을 먹이고 단백질이 부족하니까 닭고기를 먹이고 있는 것이다. 음식 재료를 한데 모아 카레를 끓이면 되는데 카레가 만들어지는 과정, 소화되는 과정을 기다리지 못해서 교과별로 각개전투를 벌이고 있었다.

교육에 필요한 단계를 무시하고 마음대로 건너뛰면 학습 결손이 생긴다. 그리고 나중에 이것을 채우기 위해 뒤를 돌아보자면 너무 아득해진다. 사립초가 좋다는 얘기만 듣고 준비되지 않은 자녀를 무작정 그곳으로 보낼 것이 아니라, 아이가 얼마나 준비되어 있는지, 적정 수준의 학습 능력이 갖춰져 있는지 확인하는 게 우선되어야 한다.

'토끼는 시속 30km로 달리고 거북이는 시속 1km로 달린다. 그런데 토끼는 10km마다 20분씩 더 쉬고, 거북이는 쉬지 않고 계속 간다. 그렇다면 토끼와 거북이가 각각 100km를 가는 데 시간이 얼마나 걸릴까?'

이 문제를 해결하려면 종합하고 추론하고 계산하는 작업 처리 능력이 필요하다. 단순한 연산만이 아니라 종합적인 관점에서 여러 요소를 고려할 수 있어야 하는 것이다. 하지만 너무 많은 학원, 너무 많은 사교육을 받는 아이들은 처리 속도가 느려서 이런 문제를 해결하기가 힘들다. 인풋은 있는데 아웃풋이 안 된다. 스케줄이 너무 과해서 배운 걸 스스로 소화할 시간이 없는 것이다. 어떤 정보가 있으면 그것을 집중해서 듣고 활용하는 게 작업 처리 능력인데, 주의 집중이 안 되니 그게 가능할 리가 없다.

이런 아이들은 뇌가 끊임없이 자극을 받기 때문에 지능 검사를 했을 때 수치는 높게 나온다. 그러면 엄마들은 쉽게 만족해버린다. '사교육을 많이 시켰더니 우리 아이가 똑똑해졌구나' 혹은 '우리 아이가 똑똑해서 이렇게 많은 사교육을 다 받아들이는구나'. 둘 다 틀렸다. 학습한 정보를 자기 것으로 만들 틈도 없이 그저 몸만 메뚜기처럼 이리 뛰고 저리 뛰어다닐 뿐이다.

지갑에 돈이 5,000원밖에 없으면 그 돈으로 무엇을 살지 신중하게 고민하게 된다. 그런데 돈이 많으면 그런 고민을 쉽게 건너뛴다. 그렇잖아도 아이 교육에 관해서만큼은 아낌없이 퍼주고 싶은 게 부모 마음인데, 재정까지 넉넉하면 부모는 '무조건 열리는 지갑'이 된다.

부모라면 당연히 아이에게 '더 나은 삶'을 선물하고 싶은 욕망이 있다. 하지만 더 나은 삶을 선물하는 '방법'에 관한 고민은 턱없이 부족할 때가 많다. '최고의 선생님을 만나면 성적이 오르겠지'라고 쉽게 생각하고 고액의 과외비를 고민 없이 쓴다. 아이에게 최고의 선생님은 다름 아닌 '아이 수준에 맞는 선생님'이라는 걸 모른 채, 그저 돈이 있으니까 고민 없이 '있는 돈만큼의 선생님'을 섭외하는 것이다. 돈이 없었다면 사교육을 시키고 싶어도 시키지 못했을 것이다. 그런 면에서 돈은 아이에게 기회를 열어주는 도구가 되기도 하지만, 아이의 공부를 망치는 독이 될 때가 더 많다. 돈을 쓰는 건 너무 쉽다. 그러나 쉬운 길이 옳은 길은 아니다.

"성적이 왜 안 오를까…
학원 옮길까?"

노선을 한 번 정했으면
일관되게 밀고 나가세요

한 엄마가 상담을 마치고 다음 날 문자를 보냈다.

"다니던 서예학원을 그만둬야 할까요?"

나는 서예학원에 대한 언급을 한 적이 없는데 갑자기 이런 질문을 한 것이다. 처음에 어떤 생각으로 아이를 그 서예학원에 보냈는지를 물었다. 학원이 좀 멀지만 차분하게 집중하는 습관을 들이게 해주고 싶었고, 어릴 때부터 바른 마음으로 읽고 쓰는 걸 체험하게 해주고 싶었다고 한다. 그 말 속에 정답이 있다. 아이를 서예학원에 보낼 때 엄마 나름대로의 고민과 생각이 있었다면, 그리고 그에 대한 컨설턴트의 반대 의견이나 보완 의견이 없다면 굳이 이 학원을 계속 보내야 할지 고민할 필요가 없는 것이다.

학습 상담을 하면서 내가 가장 좌절하는 순간은 상담이 그저 상담에서 그칠 때다. 대부분의 부모는 도움이 절실해서 멘토링을 요청한다. 나는 아이의 상황에 대해 이야기하고 현 상태를 파악하고 부모와의 관계까지 고려해서 그에 맞는 솔루션을 제안한다. 그러면 부모는 고개를 끄덕이고 자신이 잘못해왔던 것에 대해 반성하고 솔루션 실행에 대한 굳건한 의지를 보인다.

문제는 집에 가면 다시 원점으로 돌아간다는 것이다. 솔루션대로 실행하자니 기존에 해오던 습관이 떨쳐지지를 않는다. '아이를 저렇게 내버려둬도 괜찮을까?', '학원을 줄이는 게 정말 도움이 될까?'······. 상담 중엔 모든 말이 납득되고 당장 새로운 학습 계획에 맞춰 문제를 개선해나갈 수 있을 것 같지만, 막상 지금껏 해오던 방식을 한순간에 바꾸기란 말처럼 쉽지 않다.

문제는 엄마의 이런 일관성 없는 태도가 아이와의 관계를 악화시키고 학습 효과도 기대할 수 없게 한다는 것이다. 솔루션대로 학습 계획을 바꾸기로 결정했으면 아이와 자신을 믿고 일관되게 실행에 옮겨야 한다. 만약 하루 이틀 지나고 다시 불안해진 엄마가 다른 방향을 제시하면 아이는 엄마의 코칭에 대한 신뢰를 잃는다. 매일 30분씩 수학 문제 풀이를 해야 한다던 엄마가 '오늘은 외식하는 날이니 건너뛰어도 좋다'고 하거나, 학원에 보내놓고 효과가 바로 나타나지 않는다며 금세 다른 학원으로 바꾼다면 아이는 엄마보다 더 불안해지고 혼란에 빠질 것이다.

지금 아이에게 시키고 있는 것이 아이에게 맞는지, 아닌지 확신할 수 없어서 갈팡질팡하는 마음은 충분히 이해한다. 엄마가 교육 전문가도 아니고 아이를 원하는 대로 이끌고 가기도 쉽지 않기 때문이다. 다만 무엇이 맞는 길인지 확신이 들지 않아 고민된다면, 그게 무엇이든 일단 시작하고 지켜봐야 한다. 해보기 전에는 아무것도 알 수가 없다. 결혼하고 같이 살아봐야 상대방과 자신이 맞는지, 아닌지 정확히 알 수 있듯, 아이와의 관계 역시 서로를 경험하고 알아가는 과정이다. 일단 같이 해보고 안 맞는다고 판단되면 계획을 수정하면 된다. 적정 시간 동안 지켜보지도 않고 불안한 마음에 계속해서 노선을 변경한다면 말 그대로 죽도 밥도 안 될 가능성이 높다.

영어학원을 한 달 보내보고 학원이 마음에 안 든다고 바꿔버리면 아이의 레벨은 변한 것이 없으니 다른 학원에서 레벨 테스트를 해봤자 똑같은 과정을 또 반복해서 들어야 한다. 그런 식으로 계속해서 학원만 갈아치운다면 남들은 다음 단계로 넘어가고 있을 때 아이는 제자리만 계속 맴돌 뿐이다. 나는 이런 경우 학원을 잠깐 쉬고 책을 좀 읽히거나 보케블러리 문제집을 풀게 해서 어휘력이라도 우선 쌓아보라고 권하는데, 그러면 엄마들은 초조함을 견디지 못한다. 다른 아이들은 앞으로 나아가고 있는데 제 아이만 학원을 끊고 다른 걸 하면 뒤처진다고 생각하는 것이다. 잘 생각해보자. 똑같은 레벨의 수업을 학원만 바꿔가면서 두 번, 세 번 반복해서 듣는 것이 효과적일까, 쉬면서 부족한 부분을 보충해서 다음 레벨로 넘어가는 게 효과적일까? 상식적으로 생각하면 답은 아주 명쾌하게 나온다.

초등 아이를 키울 때는 할 수 없는 걸 버리고 할 수 있는 걸 넓혀야 한다. 그 과정에서 엄마가 일관적인 태도를 유지해야 아이도 엄마를 믿고 함께 갈 수 있다. 엄마가 갈피를 잡지 못하고 헤매는데 어떤 아이가 자신의 길을 꿋꿋하게 개척해갈 수 있겠는가.

"형은 네 나이 때
1등만 했는데…"

비교해서 얻는 건
역심뿐입니다

우리는 왜 '비교'가 최악의 멘토링임을 알면서도 고치지 못할까? 욕심이 앞서기 때문이다. 아이가 잘되기는 바라는데 어떻게 이끌어야 할지는 모르겠고, 마음은 조급하고, 결국 '아이를 자극하는 가장 쉬운 방법', 비교를 택하는 것이다. "엄마 친구 딸이 서울대 갔다더라", "엄마 친구 아들이 이번 모의고사 1등 했다더라"……. 말의 행간에 '그런데 너는 왜 그러니?'를 숨겨놓고 아이를 자극하며 그것이 학습의 동기부여가 될 거라 믿어버린다.

엄마들 주변에는 이상할 정도로 '엄친아', '엄친딸'이 널리고 널렸다. 왜일까? 실패한 사람은 말을 하지 않기 때문이다. 성공한 사람만이 자신의 성공담을 이야기한다. 우리가 주변에서 보고 듣는 엄친딸, 엄친아의 이야기는 그렇게 만들어진다.

실패한 사람은 존재하지도 않는 것처럼 느껴진다. 실패의 경험은 부끄러운 것이 되고 자랑스럽게 떠들 일이 아니라는 생각 때문에 널리 알려지지 않는다. '우리 아이가 서울대에 갔다'고 자랑하는 부모는 있어도 지방대 갔다고 자랑하는 부모는 없다. 그러니 온통 성공한 엄마 친구 아들, 딸들만 존재하는 것처럼 보인다.

하지만 실제로 성공하는 사람들은 많지 않다. 극단적으로 좋은 사례들만 공유되다 보니, '내가 아는 엄친아'와 '네가 아는 엄친아'는 같은 사람일 가능성이 높다. 50만 명의 입시생 가운데 1만 2,000명 정도만이 좋은 대학에 간다. 백 명 중 두 명 정도밖에 되지 않는 그 아이들의 사례는 대부분 겹친다. 게다가 대학에서 원하는 인재상도 비슷하기 때문에 한 명의 아이가 여러 명문대에 동시에 합격한다. 그 2%에 불과한 성공 사례가 소문으로 돌고 도는 것이다.

엄마들이 아이들에게 자극을 주고 동기부여를 한다는 핑계로 '남의 집 잘된 사례'를 이야기하곤 하는데, 결론부터 말하자면 그래서는 결코 원하는 바를 이룰 수 없다. 남의 집 잘된 아들딸들 이야기를 들은 아이가 과연 '나도 열심히 해서 그 사람들처럼 돼야지' 라고 생각할까, 비교당한다는 생각에 짜증부터 날까? 대부분 후자 일 것이다. 입장을 바꿔놓고 생각하면 간단하다.

"다른 집 엄마들은 요리도 잘하던데 엄마는 왜 그래?"

"다른 집 아내들은 돈도 잘 벌어 오던데 당신은 왜 그래?"

이 말을 듣고 기분 좋게 '내가 더 잘해야겠다'라고 생각할 사람이 있을까? 아이도 마찬가지다. 아무리 좋은 사례를 들고 와도 비교 당하는 순간 교육 효과는 사라진다.

남의 집 아이들의 성공 사례에 휘둘리지 않고 아이에게 집중하 려면 엄마도 공부해야 한다. 자녀에게 맨날 독서의 중요성을 강조 하며 책을 쥐여주지만 정작 엄마들은 책을 읽지 않는다. 독서가 그 렇게 좋은 거라면 엄마도 함께 동참해야 하지 않을까?

책은 성장기 아이의 사고력 증진에만 효과적인 게 아니다. 문학 작품은 삶을 바라보는 시각을 넓혀준다. 뻔한 이야기처럼 들리겠지 만 세계 명작으로 손꼽히는 작품들이 세기를 넘나들며 사랑받는 데에는 다 이유가 있다.

다른 사람의 감정에 공감하지 못하는 『이방인』의 뫼르소, 수녀 인 사촌누나를 사랑해서 평생을 독신으로 사는 『좁은 문』의 제롬,

인생의 끝까지 방황을 거듭하는 『데미안』의 싱클레어. 이토록 다양하고 입체적인 인물의 삶은 오직 책을 통해 경험할 수 있다. 다양한 삶을 경험한다는 것은 다양한 가능성을 이해한다는 것이다. 자극적인 영상 매체에 노출된 채 생각하는 힘을 잃어버리지 않으려면 엄마도 책을 읽어야 한다. 아이에게만 독서하라고 닦달하고 쉬는 시간에 스마트폰을 쥐어줄 게 아니라, 엄마도 책을 통해 세상을 배우며 아이에게 그 세상을 보여줘야 한다.

물론, 모든 부모가 매일 공부하는 모습을 아이에게 보여주며 살 수는 없다. 다만, 자신이 할 수 없는 것을 아이에게 지나치게 강요하지 말고, 엄마가 바라보는 세상의 크기를 넓혀 아이를 품어 안을 수 있어야 한다.

상담을 하면서 또 자주 듣는 말은 '입시 제도가 너무 어려워서 잘 모르겠다'는 하소연이다. 그런 엄마들의 공통점은 학교에서 나눠주는 안내문조차 제대로 읽지 않는다는 것이다. 복잡하고 어렵다고 생각하기 전에 기본적인 정보부터 꼼꼼하게 읽어야 한다. 아이의 학교생활에 대한 정보, 학업에 대한 정보는 학교 홈페이지와 안내문에 다 나와 있다.

문제집의 종류도 너무 많아서 뭘 어떻게 골라야 할지 모르겠다고 하소연하는데, 모든 책에는 목차와 문제의 난이도가 표기되어 있다. 대략적인 목차와 난이도 설명만 봐도 해당 문제집이 어느 정도 레벨인지 금방 알 수 있다. 그런데 이렇게 간단한 것조차 하지 않는다. 아이가 저절로 공부를 잘할 수는 없다. 아이가 하는 만큼 엄마도 노력하고 공부해야 한다. 독서를 통해 내면의 힘을 키우고 아이를 도와줄 수 있는 기초적인 정보를 습득하는 것만이라도 게을리하지 말자. 엄마의 공부 역시 학창 시절에 끝나는 게 아니라 평생 이어지는 것이다.

"100점이라니,
우리 딸 최고네!"

결과에 대한 집착은
빠른 포기를 부릅니다

아이에게 성취감은 굉장히 강력한 학습 동기가 된다. 성취감은 다양한 방식으로 느낄 수 있지만 초등 어린이에게는 역시 칭찬만큼 좋은 게 없다. 많은 부모가 알고 있듯, 칭찬은 아이의 성취감과 의욕을 불러일으키는 쉬운 도구다. 하지만, '방법이 잘못된' 칭찬을 반복해서 하면 오히려 아이의 학습 의욕을 해치는 결과를 부를 수도 있다. 아무런 맥락 없이 무조건 '결과'만 놓고 칭찬하는 것은 굉장히 위험하다.

아이가 100점 맞은 시험지를 가져왔다고 치자. 보통 엄마들은 점수를 칭찬한다. 엄마도 기쁘고, 아이도 기분이 좋다. 문제는 그다음이다. 아이는 계속해서 엄마에게 칭찬받고 똑같은 기쁨을 누리고 싶을 것이다. 그래서 똑같이 노력한다. 하지만 같은 노력이 늘 같은 결과를 가져오는 건 아니다. 엄마에게 또 칭찬받고 싶어 노력했는데 결과가 원하는 대로 나오지 않으면 아이는 자신의 노력 혹은 능력이 부족했다고 좌절한다. 그리고 그 좌절이 반복되면 쉽게 포기하게 된다. 실망하고 싶지 않기 때문이다.

100점을 받아온 것을 칭찬하는 것보다 한 개를 틀렸어도 시험을 준비하는 과정이 훌륭했다면 그 과정을 칭찬해야 한다. 지금 당장은 완벽하게 다 맞지 못해서 불안한 마음이 들다가도 결과에 상관없이 그에 도달하는 과정을 칭찬받는다면 과정 자체에 만족하게 되고 불안감이 사라진다. 쉬운 문제를 풀더라도 문제 풀이 과정에서 칭찬을 아끼지 말아야 어려운 문제 앞에서도 도전할 수 있는 용기와 의지를 키울 수 있다.

쉬운 문제만 계속 풀다 보면 실력이 정체되는 건 아닌지 걱정이 들기도 할 것이다. 그럴 때는 바로 다음 단계 문제집을 풀게 하고 70% 이상 맞히지 못한다면 아직 다음 단계로 넘어갈 준비가 안 되었다는 의미로 받아들이면 된다. 문제의 난이도는 아이 템포에 맞춰 높여가야만 실력이 확실히 향상된다.

"영어가 힘들면
일단 수학에 집중해보자"

초등 학습의 핵심은
'균형'입니다

초등 시기에는 특정 과목을 특출하게 잘한다고 해서 그 과목에
만 집중하는 건 위험하다. 대학 입시를 준비하며 입시전형에 맞춰
전략적으로 선택과 집중을 하는 고등학교 시절과는 다르다. 이 시
기는 초등 교육의 기초를 만드는 단계다. 성장기의 아이가 한참 자
랄 때 편식을 해서는 안 되듯, 학습 능력의 바탕을 마련하는 시기
에 과목 편식이 있어서는 안 된다. 근육질 몸을 만들겠다고 몸의
어느 한 부분의 근육만을 집중적으로 운동하면 그 부분만 비대칭
적으로 발달하는데, 그걸 과연 건강한 몸이라고 할 수 있겠는가.

어떤 과목을 특별히 잘해서 그 과목에만 집중하거나 어떤 과목에 취약하다고 그 과목을 버리고 간다면 중·고등 교육 과정에서 반드시 학습 결손이 생긴다. 기반이 제대로 다져지지 않으면 이후에도 좋은 성적을 기대하기 어렵다.

초등 시기에 절대 놓치지 말아야 하는 국·영·수 영역이 바로 독서, 연산, 이해력이다. 이것은 평생에 걸쳐 기초가 되는 중요한 영역이므로 부족한 부분이 생기면 보충을 통해서라도 탄탄하게 짚고 넘어가는 것이 좋다. 책을 읽기 싫어하는 아이라면 만화책이나 잡지처럼 글밥이 적은 것을 먼저 권하면서 읽기의 즐거움을 느낄 수 있도록 환경을 조성해주면 된다. 수학을 싫어한다면 쉽게 풀 수 있는 난이도 낮은 문제집을 매일 조금씩이라도 풀게 해보자. 어떤 아이들은 30분 동안 8쪽을 풀지만 어떤 아이들은 2쪽밖에 못 풀기도 할 것이다. 몇 쪽을 풀었는지 그 양은 중요하지 않다. 문제 풀이를 힘들어해서 단 한 페이지밖에 풀지 못하더라도 매일 반복하는 게 중요하다.

특정 과목에 재능이 없는 것 같다며 포기하지 말자. 꾸준히 수준에 맞는 공부를 시키면 일정 수준까지는 끌어올릴 수 있다. 전반적으로 모든 과목을 평균으로 올려놓아야 특정 과목을 영영 포기하는 일을 막을 수 있다.

아이가 공부 자체를 싫어한다면 교구나 장난감 등 놀이 개념으로 접근시키는 것도 좋다. 지금 세대의 아이들은 매체에서 자유로울 수 없으니 다양한 시청각 매체를 활용하는 방법도 있다. 다만 반드시 부모가 사전에 미리 검토하고 유해한 광고나 콘텐츠는 없는지 확인해야 한다. 시청각 학습이라는 명분으로 아이에게 스마트폰이나 태블릿PC를 쥐여주고 방치해서는 곤란하다.

엄마가 직접 케어할 수 없다면 블럭방이나 영어도서관을 이용하는 것도 방법이다. 영어도서관에는 한 달에 15만 원 정도를 지불하면 랩실에서 AR 레벨 테스트를 진행해 해당 레벨에 맞는 책을 읽게 하는 프로그램이 있다. 독서 지도 선생님이 상주하고 있어서 책을 읽다가 모르는 단어가 있으면 체크하고 가르쳐주기도 한다.

"이번 시험 잘 치면
휴대폰 사줄게"

스마트폰은 최대한 늦게
쥐여주세요

스마트폰과 접하는 시기는 늦으면 늦을수록 좋다. 한번 접하게 되면 결코 되돌릴 수 없기 때문이다. 아이들은 뭐든 빠르게 흡수하기 때문에 일단 스마트폰을 손에 넣으면 무섭게 빠져든다.

중학생인 내 둘째 아이는 겨울 외투가 롱패딩 하나뿐이었다. 어느 겨울, 롱패딩이 필요 없는 따뜻한 날이 이어지기도 해서, 아이에게 가벼운 외투를 하나 더 사줘야 하나 고민했다. 아이가 필요하다고 하지도 않았는데 혼자 앞서서 고민했던 거다.

엄마들은 늘 아이에게 넘치게 제공하려는 경향이 있다. 아이의 필요보다 앞서서 무언가를 해줘야 제대로 된 부모 노릇을 하는 게 아닐까, 고민하곤 한다. 모든 걸 다 주려고 하지 마라. 불편하면 불편한 대로 살아가는 방식을 익히게 두는 것도 필요하다. 풍족하게 제공해준다고 아이가 행복해지는 것은 아니다.

당장 스마트폰이 없어서 아쉬울 수는 있겠지만, 스마트폰을 쥐여준다고 해도 아이는 거기서 만족하지 못할 것이다. 스마트폰이 있으면 게임을 하고 싶고, 현금으로 아이템을 사고 싶고, 태블릿PC도 갖고 싶고, 자전거도 갖고 싶고…… 끝이 없다.

부모는 부모대로, 아이에게 뭔가를 제공할수록 그에 대한 보상 심리가 강해진다.

'필요하다는 거 다 해줬는데 왜 공부를 열심히 안 하지?'

풍족하게 주고받는데 서로에 대한 원망만 늘어가는 것이다.

스마트폰의 폐해에 대한 얘기는 이미 많은 미디어에서 다뤘으니 자세히 거론하지 않겠지만, 한 가지 강조하고 싶은 것은 학교에서 수행평가 과제 하나를 내줬을 때도 스마트폰으로 찍는 것보다 직접 손으로 한 번이라도 받아 적는 게 더 오래 기억된다는 것이다. 스마트기기는 우리 생활을 편리하게 해주지만 한편으로는 생각하고 기억하는 법을 잊어버리게 만들기도 한다.

스마트폰이 필요하다는 아이 말에 흔들린다면, 한 번쯤 자문해보자. 아이가 어디에서 무얼 하고 있는지 확인하고 싶고, 문자로 간단히 약속을 정하고 싶고, 아이가 뭘 하며 지내는지 알고 싶어서 스마트폰을 쥐여주려는 마음이 드는 것은 아닌지 말이다. 부모도 불편함을 참지 못하고 편리한 기기에 의존하고 싶은 마음이 드는 걸 수도 있다. 연락망이 꼭 필요하다면 전화 기능만 되는 2G폰을 사주기 바란다.

"커서 뭐가 되고 싶어? 의사? 공무원?"

플랜 B를 위해 아이의 '바구니'를 넓혀주세요

자녀가 세 군데 의대에 합격했는데 어디를 선택해야 할지 고민이라는 어머님이 있었다. 한림대, 순천향대, 중앙대 세 군데를 붙었는데 한림대는 전액 장학금을 받을 수 있으니 그곳으로 갈까 생각 중이라는 것이다.

"어머니, 아이가 어떤 의사가 되길 바라세요?"

의대 선택에 대한 조언을 구하러 왔는데 난데없이 어떤 의사가 되길 바라냐고 되물으니 어머니는 말문이 막힌 듯했다.

"개업을 할 건가요, 학교에 남을 건가요? 개업을 할 거면 학교 이름이 중요하니 중앙대를 가야 하고, 학교에 남을 거면 병상 수가 많은 한림대가 유리합니다."

"그걸 지금 어떻게 정해요. 너무 먼 미래잖아요."

여기서부터 문제는 시작된다. 우리는 항상 코앞에 닥친 과제를 해결하는 데 급급해서 큰 그림을 보지 못한다. 미래는 미래에 생각할 일이라고 생각하는 순간 이미 뒤처진 것이다. 어떤 의대를 가야할지 고민하면서 아이가 어떤 의사가 될 것인지에 대해 생각하는게 아니라 당장의 장학금을 생각한다는 것 자체가 늦은 것이다.

의대에 가면 모든 것이 알아서 술술 풀리는 게 아니다. 그 안에서 또 다른 경쟁이 시작되고 수많은 선택지 앞에서 치열한 고민이 시작된다. 의대 합격은 시작이지 끝이 아니다. 그 대학을 통해 이루고자 하는 게 무엇인지를 고민하지 않고서는 어느 학교가 자신에게 유리한지 판단할 수 없다.

의사라고 다 같은 의사가 아니고 의대에 입학한다고 모두 같은 길을 가는 것도 아니다. 가령 서울대 의대는 현장에서 임상에 집중하는 의사를 양성하는 것만이 아닌 학교에 남아 후학을 길러내는 교수를 양성하고자 하는 경향이 강하다. 그렇기 때문에 부모의 경제력과 학벌이 중요하다. 교수가 된다는 것은 명예직에 가깝기 때문에 생계를 고민하지 않아도 되는 유복한 집안의 자녀일수록 유리하다고 판단하는 것이다. 개업의가 되어 자신의 병원을 운영하는 것이 아닌 의학교수가 되기를 희망한다면 이런 성향의 학교를 선택해야 할 것이다. 장학금을 얼마나 주는지, 시설이 얼마나 좋은지, 집에서 얼마나 가까운지 같은 것이 선택의 기준이 되어서는 안 된다.

이런 이야기를 했을 때 대부분의 부모님들은 그렇게까지 멀리 봐야 하냐고 되묻는다. 내 답은 '그렇다'이다. 나는 늘 상담을 하면서 아이의 '바구니'를 넓혀놓으라고 말한다. 당장 고등학교 입시에 필요한 것만, 당장 대학 입시에 필요한 것만 해두면 끊임없이 쫓아가기만 바쁜 상태가 된다. 가령 외고 입시요강에 필요한 것만 준비했다가 그 계획이 틀어지면 그다음 대안인 플랜 B가 없는 것이다. 단기적인 목표만을 향해 달려가면 변수가 생겼을 때 모든 게 무너져버린다. 앞일이 어떻게 될지는 누구도 알 수 없다. 아이가 할 수 있는 영역 안에서 남들과 다른 차별성을 가질 만한 것을 늘 준비해둬야 한다.

지금 하는 것에서 한 가지만 더 하라는 조언을 하면 엄마들은 '아이가 수학을 잘하니까 수학을 하나 더 시키겠다'고 하거나 '영어를 잘하니까 선행학습을 시키겠다'고 한다. 하나 더 하라는 말은 똑같은 과목의 학원을 하나 더 보내라거나 잘하는 과목에 올인하라는 얘기가 아니다. 만약 잘하는 과목이 있다면 그 과목을 어떻게 발전시켜서 활용할 것인지 계획이 있어야 한다. 그렇지 않다면 아이의 외적인 활동이라도 넓혀줘야 선택지도 늘어난다.

멀리 보지 않으면 돌이킬 수 없는 실수를 저지르기도 한다. 어떤 아이는 이과인데 고등학교에 가자마자 RCY 같은 봉사동아리에 가입했다고 한다. 희망하는 대학은 공대라면서 도대체 왜 봉사동아리에 들어가는가. 생활기록부에 기입할 수 있는 동아리는 한 개뿐이다. 한 번 기입되면 수정할 수도 없는데 아무 생각 없이 봉사동아리에 가입해버린 것이다. 똑같은 점수의 아이들이 여럿 있다면 공대에서는 과학동아리 경력이 있는 아이를 뽑을까, 봉사동아리 경력이 있는 아이를 뽑을까. 이토록 상식적이고 당연한 사고 과정이 생략돼버리는 건 멀리 보고 계획하지 않기 때문이다. 아이들은 부모와 잘 의논하지 않고, 경험이 부족하다. 그렇기 때문에 부모가 앞서서 생각하고 계획하지 않으면 황당한 실수를 저지르기 쉽다.

아이에게 특기와 재능이 있다면 초등 시기에는 그걸 키워줘야 한다. 적어도 우리 아이가 뭘 잘하는지, 뭘 좋아하는지라도 알아둬야 한다. 그래야 나중에 조금 부족한 부분이 있어도 특기 하나를 더 해줄 수 있다. 그 '나중'이 고입이든 대입이든 취업 전선이든 언젠가 써먹을 데가 있다.

가족끼리 휴양지로 여행을 가더라도 관광하고 맛있는 거 먹고 그냥 오지 말고 거기서 개구리알 사진이라도 찍어 오자. 귀한 시간을 들여 멀리 해외까지 갔다면 한국에서는 볼 수 없는 환경적인 체험을 지나치지 말고 기록해보자. 초등학교 3학년 때 똑같이 사이판에 다녀왔던 두 아이가 있는데 한 명은 현장학습에 준하는 결과물을 갖고 있고 한 명은 아무것도 없다면? 이 아이들이 각각 선택할 수 있는 미래는 전혀 다를 것이다.

공부 효율 낮은 아이,
역전의 기회를 만드는 팀워크

아이의 성적이 바닥이면 엄마도 한숨이 푹푹 나온다. 이런 상태가 계속 지속되면 대부분 자포자기에 이른다. 반에서 꼴등인데 어느 세월에 성적을 올리나 앞날이 까마득하다. 그런데 정말 그렇게 포기해도 괜찮은 걸까?

아이는 한번 무너지면 스스로 일어서기가 힘들다. 방법을 모르기 때문이다. 공부를 어떻게 해야 할지도 모르고, 의욕을 어떻게 다질 수 있는지도 모른다. 아이는 꼴등이라는 현실이 그저 절망스럽고 창피해서 한없이 무기력해진다. 이때 부모까지 같이 무기력에 빠지면 더 이상의 희망은 없다. 아이가 포기하더라도 부모는 끝까지 포기하면 안 된다. 인생은 어디로 흘러갈지 아무도 모른다. 누구에게나 역전의 기회, 반전의 시나리오는 반드시 열려 있다.

중학교 때 공부를 웬만큼 해서 자사고에 들어간 아이가 있었다. 전 과목 80점 이상은 받았고 좋은 기회로 자사고에 들어갔는데 그 안에서 경쟁력을 잃어버렸다. 뛰어난 아이들이 모여 있으니 어지간히 잘해서는 상위권 근처에도 가지 못했던 것이다. 아이의 엄마는 내 앞에서 말 그대로 한숨을 푹푹 내쉬었다.

"어머님, 그렇게 한숨을 내쉬면 아이가 얼마나 상처받겠어요. 방법을 모르면 가르쳐주면 돼요. 포기하지 말고 아이를 응원해주세요."

아이는 공부를 놓은 지 오래돼서 성적이 상당히 좋지 않았다. 고등학교에서 국·영·수 주요 과목을 모두 단기간에 향상시키기는 쉽지 않다. 그걸 알기에 아이는 더더욱 체념해나갔을 것이다.

나는 아이에게 암기 과목부터 시작하자고 했다. 이렇게 하위권인 아이들은 학습 결손이 많기 때문에 다른 과목을 처음부터 다시 시작하기가 어렵다. 현실적으로 그럴 시간도 충분하지 않다.

"자, 넌 이제 사탐의 여왕이 되는 거야. 다른 과목은 못해도 돼. 암기 과목은 시간을 투자하면 할 수 있어. 네가 얼마나 성실하게 내 말을 따르느냐에 따라 결과는 완전히 달라질 거야."

물론 사회 과목도 쉽지는 않다. 사회와 문화, 생활과 윤리, 온갖 철학자의 어려운 사상들을 외워야 한다. 얼마나 어려우면 이런 주제들이 논술 기출 문제로 출제되겠는가. 그럼에도 시간을 투자해서 끌어올릴 수 있는 게 바로 암기 과목이다.

잘 가르치기로 유명한 한국사 선생님을 섭외해서 아이에게 붙여주고 아이를 절대 포기하지 마라고 신신당부했다. 공부를 제대로 해본 적이 없는 아이는 일대일 과외에 두려움을 느꼈지만, 나는 이거 하나만 해보라고 아이를 설득했다. 우리의 목표는 2등급, 3등급이 되는 게 아니라 4등급, 5등급이니까 부담 갖지 말고 일단 해보라고.

그리고 며칠 후 아이에게서 연락이 왔다.

"한국사 말고 제가 또 할 수 있는 과목이 뭐가 있어요?"

한국사 수업을 받은 뒤 아이의 눈이 번쩍 뜨인 것이다. 한 번도 이런 수업을 받아본 적도 없고 이렇게 흥미를 느껴본 적도 없었는데 수업을 들어보니 할 수 있겠다는 자신감이 생긴 것이다. 나는 아이에게 EBS 강의로 '정치와 법'을 들어보고 교재는 교과서만 보라고 했다. 절대 어려운 인강에 도전하지 말고 기본적인 EBS 강의만 들으면서 한국사랑 연결하며 기본적인 학습만 하라고 했다.

나중에 아이의 엄마에게서 연락이 왔다. 아이가 자꾸 학원에 보내달라고 한다는 것이다. 학원에 보내려고 하면 안 가겠다고, '거기 데려다놓아도 나는 못 알아듣는다'고 짜증스럽게 소리를 지르던 아이가 이제는 자발적으로 학원에 가겠다고 한다고. 아이는 수시로 내게 문자를 보냈다. 어떤 걸 더 하면 되는지 자꾸 묻고 미션을 수행하고 나면 스스로 피드백을 보냈다. 공부를 못한다는 사실 때문에 자존감이 떨어져 있던 아이가 잘할 수 있는 과목이 생겼다는 것만으로도 공부 의욕을 불태우기 시작한 것이다.

공부를 못한다고 모든 과목을 못하는 게 아니다. 분명 아이가 잘할 수 있는 과목이 있다. 전체적으로 성적이 안 좋아도 그중에서 조금이나마 가능성이 보이는 과목들이 있다. 사회과 암기 과목의 경우 외우면 외운 대로 그 결과가 나타나기 때문에 하위권 아이들에게 좋은 선택지가 된다. 공부 방법을 몰라서 못하는 아이들은 이렇게 단순 암기로도 성적을 올릴 수 있다는 가능성을 맛보게 해주고, 그 결과를 눈으로 확인하면 시키지 않아도 스스로 하게 된다.

열심히 한 만큼 결과가 나온다는 건 굉장히 강력한 학습 동기가 된다. 한번 성취감을 느끼기 시작하면 다음 단계, 다른 과목까지 도전하고 싶은 욕심이 저절로 생기고 스스로 공부 방법을 찾아가는 것이다.

초등 시기는 훨씬 더 유리하다. 전 과목의 기초를 탄탄하게 다져 놔야 하는 시기인 만큼, 성적이 안 나온다고 포기해버리면 안 된다. 고등학교에 가서야 다시 시작하려면 현실적으로 불가능한 지점이 많지만, 초등 시기에는 시간적인 여유도 충분하다. 부모가 앞서 포기하지 말고 아이가 흥미를 느낄 만한 것부터 한 과목, 아니 한 챕터라도 일단 시작할 수 있게 하자. 아이의 미래를 바꾸는 열쇠는 부모에게 있다.

지속 가능한 성장을
도모하는 시기

✔ 수학·과학 못한다고 포기하지 말 것

이과적 재능이 없다고 굶어죽는 것도 아니고, 타고난 재능이 없다고 수학과 과학을 영원히 못하는 것도 아니다. 우리나라 고등교육 과정은 특출하게 뛰어난 재능을 필요로 하는 과목이 없다. 초등 고학년이 됐다고 늦은 것이 아니니 포기하지 말자. 부족한 과목은 두 배로 시간과 노력을 들이면 된다. 절대 단계를 건너뛰지 말고 수준에 맞는 문제부터 차근차근 익히게 해주자.

✔ 심화 문제로 중등 교육에 대비할 것

초등 때 성적이 좋다고 방심하면 안 된다. 초등 수준의 시험에서는 어려운 문제 몇 개로 변별력을 두는데, 이 문제를 틀려도 초등에서는 상위권을 유지할 수 있다. 중학교에 올라가면 이것이 통하지 않는다. 심화 문제에 대한 이해가 없으면 중·고등으로 올라갈수록 점수 차이가 벌어지고 더 이상 상위권을 유지하기 힘들어진다. 심화 문제를 풀 수 있느냐 없느냐가 '한때는 잘했던 아이'와 '여전히 잘하는 아이'를 가르는 기준점이 될 것이다.

✔ 독서를 힘들어한다면 교과서 필독서만이라도 읽힐 것

읽고 쓰는 걸 싫어하거나 힘들어하는 아이들이 그대로 중학교로 올라가면 어려움은 더 커진다. 읽기 훈련이 안 됐다는 것은 텍스트 이해력이 떨어진다는 것인데, 중학교에서는 모든 교과목 난이도가 급작스럽게 올라가기 때문에 반드시 읽기 습관을 잡고 가야 한다. 최소한 교과서 예문으로 나오는 필독서만이라도 미리 읽어두면 수업은 따라갈 수 있다. 급하게 생각 말고 천천히 한 권, 한 권 읽혀나가자.

✔ 잘하는 과목에만 집중하지 말 것

초등 시기는 교육의 기초를 다지는 때다. 특정 과목을 못한다고 포기하고 잘하는 과목에만 집중하면 학습 결손이 누적된다. 학습의 기반을 탄탄히 만들어가야 하는 시기이기 때문에, 아이가 싫어하는 과목은 뒷전으로 미루고 잘하는 과목 학원만 여러 군데 보내는 실수만큼은 하지 말자. 초등 시기에는 균형 학습이 중요하며, 전 과목 기초를 다질 시간은 지금밖에 없다.

✔ 사춘기가 와도 일상의 패턴을 유지할 것

아이가 예민하고 짜증이 늘었다고 모든 걸 아이에게 맞춰주기만 해서는 안 된다. 아이가 아무리 감정 기복이 심하고 무기력에 빠졌다 해도 그 전까지 유지해온 일상의 패턴이 깨지지 않도록 해야 한다. 한 번 맥이 끊기면 다시 이전의 패턴으로 돌아가려고 해도 힘든 경우가 많다. 고통스럽더라도 아이 곁에 붙어서, 아이가 원할 때 언제든 본래의 일상을 찾을 수 있도록 엄마가 늘 대기하고 있어야 한다.

4장

아이와 나는
같은 곳을 바라보는
한 팀이었다

"

서울대, 연세대, 고려대, 포스텍, 카이스트.

나의 아들은 다섯 개 명문대에 동시 합격했다. 사람들은 하나같이

이렇게 묻는다. 대체 어떤 학원에 보냈기에 그렇게 대학을 잘 갔느냐고.

이 장은 그 질문에 대한 긴 답이다. 내 아이의 능력을 내세우려는 것도,

우리의 사례가 모범 답안이라 주장하기 위함도 아니다.

단지 우리 모자가 입시라는 긴 마라톤을 어떻게 시작했고 어떤 어려움을

극복하며 달렸는지, 단 한 사람에게라도 참고가 되기를 바라는 마음으로

솔직한 경험담을 풀어놓는다.

"

공부하고 배우는 부모가
되려고 했다

엄마가 된다는 건 뭘까? 엄마의 역할에 대한 규정은 저마다 다를 것이다. 누군가에게는 '건강한 밥과 필요한 물건을 챙겨주고 부족함 없이 키우는 것'이 최우선일 수도 있고, 또 누군가에게는 '아이보다 앞서서 아이의 모든 것을 관리하고 이끄는 것'이 가장 중요할 수도 있다. 저마다 생각하는 엄마의 역할은 환경에 의해 정해지기도, 본인 의지에 따라 달라지기도 한다.

첫아이를 갓 낳고 키우면서는 엄마가 된다는 것에 대해 깊이 고민해보지 않았다. 모든 일이 순리대로 자연스럽게 흘러갔고, 그때

그때 주어진 역할을 묵묵히 해내면 된다고 생각했다. 하지만 우리 아이가 어떤 아이인지 조금씩 깨달아가면서, 서서히 내 역할의 영역을 넓혀갔던 것 같다.

아이는 공부에 재능을 보였고, 할 수 있는 최선의 지원을 해주리라 마음먹었다. 그래서 생업에 뛰어들었다. 훗날 아이가 생활비나 학비 때문에 곤란해지는 일이 없기를, 혹시 유학을 가게 됐을 때 생활비를 벌기 위해 힘들게 아르바이트를 하며 공부 시간을 뺏기는 일이 없기를 바랐다. 공부는 아이의 몫이지만, 목표한 바를 향해 걸어갈 때 엄마가 해줄 수 있는 몫은 분명히 있다. 성인이 돼서 집을 못 사주고, 결혼 자금을 못 대주는 것은 걱정되지 않았다. 하지만 아이가 제일 잘할 수 있는 '공부'에 걸림돌이 생기는 건 용납할 수 없었다. 그래서 일을 시작했다. 능력이 충분한데 그걸 발휘할 중요한 순간에 돈이 없으면 안 되니까.

나는 그냥 '부모'가 아니라 '학부모'가 되려고 애썼다. 학부모, 그러니까 '공부하고 배우는 부모' 말이다. 학교와 학원에 맡겨놓고 그냥 '알아서 자기 갈 길 찾아가겠거니' 할 게 아니라, '어떤 길을 가든 아이와 함께 가겠다'고 생각했다. 그래서 교과 과정은 어떻게 짜여 있는지, 학교 행사는 뭐가 있는지, 대회에 나가려면 어떻게 해야 하는지, 이 시험에는 어떤 준비가 필요한지 등, 아이가 일일이 찾아볼 수 없는 정보들을 꼼꼼하게 알아보고 공부했다. 초등학생 아이에게 '네 미래를 위해 전략적인 사고를 하며 생활기록부에 기록할 것들을 스스로 준비해'라고 할 수는 없는 노릇이다. 어느 정도는 부모의 리더십이 필요했다.

아이를 지원하는 것과 이끄는 것, 그것이 내가 생각한 엄마의 역할이었다. 물론 이 모두를 모든 엄마가 해야 하는 것도 아니고, 할 수 있는 여건이 갖춰진 것도 아닐 것이다. 상담을 하면서 학부모들에게 자주 이야기하는 것이 이런 얘기다. '어떤 엄마가 될 것인가'에 대해 고민하고 판단하라는 것. 스스로 아이에게 얼마나 해줄 수 있는지 그 능력치를 판단해야 한다. 기준은 바로 엄마 자신의 마음 상태다. 스트레스를 얼마나 감당할 수 있는지. 아이에게 뭔가를 말하는데 자꾸 짜증이 난다면? 그건 체력과 정신력이 한계에 다다랐다는 뜻이다. 그 이상은 할 수 없다는 의미다. 엄마 노릇에 가장 역할에 입시 전략가 역할까지 모든 걸 다 할 수 있다면 금상첨화겠지만, 자신이 할 수 있는 범위 안에서 어디까지 할 것인지를 결정하는 게 더 중요하다.

다행스럽게도 나는 내가 하고자 하는 일을 수행할 여건이 되었기 때문에 다양한 역할을 할 수 있었지만, 그 무엇보다 중요하게 생각한 것은 아이를 안심시키고 편안하게 해주는 것이었다. 언제나 아이 곁에서 믿음을 주고, '무슨 일이 있어도 네 뒤에는 엄마가 든든하게 버티고 있으니 언제든 힘들면 와서 기대'라고 말할 수 있는 엄마가 되려고 했다.

어떤 사람은 내가 사교육을 많이 시켜서 사교육 덕을 봤다고 믿을 것이고, 어떤 사람은 집에 돈이 많아서 뭐든 다 시킬 수 있었다고 생각할지도 모른다. 혹은 강남 8학군 출신의 금수저라고 생각할 수도 있다. 기대를 저버려서 실망할지 모르겠지만, 오히려 그 반대다. 강남 8학군 출신은커녕 오히려 나는 예산이 넉넉지 않아서 아이 교육을 편안히 외부에 맡길 수가 없었다. 일도 하고 아이도 키워야 했지만 쏟아부을 자본이 없으니 모든 걸 나 스스로 할 수밖에 없었다. 내가 가진 자산은 시간과 노력뿐이었다.

그렇게 직접 아이의 학습 관리를 하고 입시 자료를 챙기고 전략을 세우다 보니 어느새 전문가가 되어 있었다. 결국 아이가 명문대 다섯 군데를 동시에 합격하는 결과를 얻게 됐고, 사람들은 여기저기서 비법이나 비결을 물어왔다. 나는 그런 질문에 사심 없이 모두 답해줬다. 나만 알고 있을 대단한 비밀도 아니었다. 열심히 발품 팔아 자료를 찾고 계획을 세우며 쌓아 올린 비결(?)들을 아무렇지도 않게 전파하는 내 모습이 이상하게 보였을지도 모른다. '진짜 알짜배기 정보는 숨겨놓는 거 아니냐' 의심하는 사람도 있었을 것이다.

　내가 그렇게 비밀 아닌 비밀들을 모두 공개하면서도 전혀 거리낄게 없었던 것은, 방법을 안다고 해서 모두 같은 결과를 얻는 게 아니라는 걸 알기 때문이다. 이런저런 준비를 했고 이런저런 전략으로 승부했다는 이야기를 전해주면 듣는 사람은 많았지만, 그것을 성실하게 실천하는 사람은 거의 없었다. 사람들은 쉽고 빠른 노하우 같은 것에만 관심을 보일 뿐, 꾸준한 노력에는 관심을 두지 않았다. 같은 정보를 얻고 같은 결과를 얻으려면 같은 실천이 이뤄져야 한다는 간단한 사실을 쉽게 잊는 것 같다.

　어떤 일이든 빠르고 간단한 비법이나 '나만 아는 비밀 노하우'란건 없다. 오랫동안 꾸준히 노력하고 정보를 수집하고 효과적인 계획을 세워 성실하게 실천하는 것, 그 당연하고도 상식적인 길만이 목표한 바에 조금이라도 가까이 다가가는 진짜 '비법'이다.

최적의 학습 환경을
만들어줬다

첫아이를 임신하고 출산하면서 나는 안정적으로 잘 다니던 회사를 그만뒀다. 그렇다고 마냥 집에 틀어박혀 있을 수는 없으니 애들 과외라도 해야겠다 싶어서 수학 과외 지도를 했다. 과외 지도를 하면서 생활비를 벌었고, 그 덕에 아이도 엄마의 일이 끝날 때까지 옆에서 책을 읽고 그림을 그리곤 했다. 다행히 아이는 말이 없고 조용히 한 가지 일에 집중하기를 좋아해서 엄마가 일하는 동안에도 보채지 않고 얌전하게 그 시간을 함께 보냈다.

나는 아이가 또래에 비해 좀 부족하다고 생각해서 6세가 돼서야 유치원에 보냈다. 남들 다 갈 때 같이 가면 적응하지 못하고 힘들어 할까 봐 말문이 좀 트이면 보내야겠다고 생각한 것이다. 어느 날은 친구들과 놀고 있는 아이의 모습을 지켜봤다. 그런데 같은 반 여자 아이가 우리 아이를 잡고 뱅글뱅글 돌고 있는 것이 아닌가. 왜소하고 작은 체격의 우리 아이가 또래 친구에게 붙들려 이리저리 치이고 있는 걸 보니 심장이 내려앉는 것 같았다. 저러다 잘못해서 놓치기라도 하면 아이가 그대로 나동그라질 게 뻔했다.

엉뚱하게도 나는 그 순간 우리 아이를 똑똑하고 공부 잘하는 아이로 키워야겠다고 결심했다. 신체적인 조건이나 타고난 성격을 자유롭게 바꾸긴 어려우니, 공부를 시켜서 똑똑한 아이가 된다면 친구들이 쉽게 무시하거나 괴롭히지 않을 거라고 생각한 것이다.

유치원 친구 엄마의 조언으로 영재성 검사를 받아보니, 수학과 과학 지능이 상당히 높게 나왔다. 느리고 내성적인 성격을 보고 아이가 좀 뒤떨어지고 부족하다고 생각했는데 정반대였다. 유치원에 적응하지 못했던 건 수업이 시시하고 재미없을 정도로 또래에 비해 지능이 뛰어나기 때문이었다. 나는 본격적으로 아이의 교육 계획을 세우기 시작했다. 타고난 재능이 있다면 엄마는 그것을 발전시키고 앞으로 나아가게 할 의무가 있다. 다행히 아이는 공부를 좋아하고 잘했다.

아이와 나는 하나의 팀이었다. 우리는 서로를 도와 임무를 착착 수행해내는 팀원들처럼 호흡을 맞췄다. 방학이면 시간표를 함께 만들고 목표를 세우고 실행 여부를 체크하고 조율했다. 냉장고에 학습 계획표, 학원 시간표 등을 붙여놓고, 내 일정도 같이 정리해서 붙여놨다. 서로의 일정을 공유하면서 합을 맞춰나갔다. 아이 공부를 내가 대신 해줄 수는 없지만, 아이가 최적의 환경에서 효율적으로 공부할 수 있도록 내가 해줄 일은 무궁무진했다.

아이는 수학과 과학에서 두각을 나타냈다. 집에 오면 내가 사준 문제집을 묵묵히 푸는 것 말고 따로 한 것이 없었는데 초등학교 수학경시대회, 성균관대 경시대회, 교대 창의력대회, KMC(한국수학인증시험) 등 온갖 대회를 나가면 상을 받아 왔다. 아이는 대회에 나가서 상장을 받고 문화상품권을 받아오는 일에 재미를 붙였다. 그러다 보니 자연스럽게 학교 성적도 잘 나왔다.

사실 나는 당시 우리 아이가 공부를 아주 잘한다는 생각조차 못 하고 있었다. 그런데 어느 날 어떤 학부모로부터 전화가 왔다.

"아이를 어디에 보내길래 전교 1등을 했어요? 전교에서 혼자 올백을 받았다는데요."

내가 맞벌이를 한다는 걸 알고 있는데, 그럼 애를 직접 가르칠 시간도 없을 텐데 어떤 좋은 학원을 보내길래 아이가 혼자 만점을 받았냐는 얘기였다. 그때 수학 문제가 아주 어렵게 출제돼서 공부 잘하는 아이들도 만점을 받지 못했다고 했다. 아이가 만점을 받았다고 하니 내심 기뻤지만 나는 질문에 답을 할 수가 없었다. 시험 보기 전날 종합문제집 하나를 풀게 한 게 전부였기 때문이다.

그 뒤로 엄마들 사이에서는 우리 집이 밤 12시까지 불이 안 꺼진다는 소문이 돌기 시작했다. 밤늦게까지 집에서 애를 쥐 잡듯이 잡으며 가르칠 거라는 짐작이었던 것 같다. 불이 안 꺼진다는 그 소문은 일면 사실이기도 했다. 당시 남편과 나는 퇴근하고 집에 돌아와 새벽에 맛있는 야식을 찾아 먹는 취미가 있었으니까.

아이가 초등학교 3학년이 되면서 우리의 인생에 전환점이 찾아왔다. 아이는 초등학교 입학 후 줄곧 전교 1등을 도맡고 있었다. 어느 날 담임선생님이 경기도 과학교육원 도영재로 우리 아이를 추천하겠다는 말을 전해왔다. 선생님은 정보 분야의 경기도 영재로 추천할 테니 자기소개서를 써오라고 했다. 도대체 경기도 영재는 뭐고 정보 분야는 뭘까. 온통 처음 듣는 것투성이라 아이와 나는 뭘 어떻게 준비해야 할지 몰라 혼란스러웠다.

"정보 분야가 뭐예요, 선생님?"

경기도 과학교육원 도영재는 수학·과학·정보 세 분야로 나눠 선발하는데 '정보'는 컴퓨터와 관련된 것이라고 했다. 컴퓨터라니. 수학이나 과학은 자신 있었지만 컴퓨터는 제대로 공부시켜본 적도 없었다. 수학이나 과학 분야로 지원하면 안 되냐고 했더니 그건 이미 위 학년 선배가 맡아버렸다고 했다. 각 학년의 전교 1등이 추천 대상인데 4학년 아이가 과학을, 5학년 아이가 수학을 선택했으니 3학년에게 남은 것은 정보뿐이라는 것이다.

뭔지는 잘 모르지만 어쨌든 좋은 기회가 될 것 같아서 아이를 앉혀놓고 자기소개서를 쓰게 했다. 타인의 대필을 막기 위해 자기소개서는 반드시 학생 본인이 자필로 쓰게 돼 있기 때문이다. 우리 아이는 공부는 잘했지만 엄청난 악필이었는데, 손글씨 쓰기를 너무나 힘들어했다. 자를 대고 밑줄을 그어가면서 삐뚤삐뚤 연필로 자기소개서를 쓰던 아이는 컴퓨터로 쓰면 안 되냐고 엉엉 울었다. 아이를 달래가면서 끝까지 쓰게 했다. 아주 솔직하게, 정보 분야가 뭔지 잘 모르지만 선생님이 해보라고 하시니까 열심히 배워보고 싶다고. 그렇게 영재교육이라는 새로운 세계를 만났고, 이후 우리의 인생은 완전히 바뀌었다.

IQ가 높다고
방심하지 않았다

경기도교육청이 주관하는 영재교육원에 다니게 됐을 때 우리는 준비된 것이 아무것도 없었다. 영재교육이 뭔지도 모르는 상태에서 선생님의 추천으로 합격하게 되었으니 일단 가서 열심히 하자는 생각만 있었다.

영재교육원 수업은 그룹을 이뤄 프로젝트로 진행되는 게 많았다. 학년의 구분이 없어서 초등 4~6학년 아이들이 모두 모여 프로젝트를 진행했는데, 들어간 지 얼마 되지 않아 경기도 UCC 대회에서 동상을 수상했다는 소식이 들려왔다. 3만 원짜리 문화상품권을 들고 신이 나서 집에 돌아온 아이에게 어떻게 그런 대회에서 상을 받았느냐고 물었더니 "6학년 형이 시키는 대로 했어!" 하고 해맑게 대답했다.

그곳에서 만난 아이들은 그때 이미 영상 편집도 하고 컴퓨터를 자유자재로 다룰 줄 알았다고 한다. 아이들은 '추적자'라는 제목으로 실마리를 갖고 어떤 문제의 답을 찾아가는 내용의 영상 콘텐츠를 만들었는데, 그것이 반응이 좋아 수상까지 하게 된 모양이었다.

우리 아이가 영재교육원에서 얻은 가장 큰 소득은 명확한 목표를 향해 가도록 이끌어주는 '사람들'을 만난 것이었다. 학교 친구들과 가족 외의 사람들은 만날 일이 없던 아이가 경기도에서 뛰어난 아이들은 다 모인다는 영재교육원에서 다양한 동료, 선배들을 만나면서 새로운 세계가 있음을 깨달은 것이다. 특히 학년의 구분 없이 교육을 받다 보니 많은 선배를 만나게 됐고, 그 선배들이 영재고에 진학하고 서울대에 진학하는 사례를 가까이에서 지켜봤다. 그러니 아이는 아주 자연스럽게 '나도 영재고, 서울대에 간다'라고 생각했다. 내가 굳이 나서서 잔소리할 필요도 없었다. '같이 공부한 선배들이 서울대 갔으니 나도 간다'라는 것이 당연한 공식이 되어 아이를 잡아줬다.

아이가 여섯 살에 처음 아동지능검사를 받았을 때 아이큐는 상당히 높은 편인데 그에 반해 사회성이 심각하게 낮다는 결과가 나왔다. 상담 선생님은 아이의 사회성을 끌어올리는 데 집중해야 한다고 강조했다.

케이지영재학술원에 다니면서 수업을 받은 지 2년이 지나 다시 아동지능검사를 했다. 그러자 아이큐와 사회성의 편차가 줄어들어 비슷한 수준의 수치가 나왔다. 결과를 본 나는 충격을 받았다. 우리 아이가 평범해지고 있었던 것이다. 예전에는 수학에 뛰어난 재능을 보였고 공간지각력이 아주 우수했는데, 2년 뒤 월등히 높았던 수학적 능력과 부족했던 사회성이 비슷해지면서 하향평준화된 것처럼 보였다. 영재학술원이라면서 어째서 아이를 이토록 평범하게 만들었나 싶어 원망스러운 마음이 들었다.

상담을 하며 '우리 아이가 왜 이렇게 평범해지고 있냐'고 묻자 원장님은 기본을 끌어올리는 것의 중요성에 대해 이야기했다. 영재교육의 취지는 뛰어난 부분만을 발전시켜 특출한 아이로 교육시키는게 아니라, 기본 바탕이 되는 다양한 영역의 성향을 끌어올린 뒤 그 바탕 위에서 자신의 특기를 살릴 수 있도록 이끄는 것이라고. 초등학교 3학년 정도 되면 아이가 특별히 두각을 나타내는 분야가 드러나는데, 아이큐와 사회성의 균형이 잘 맞아야 발전 속도도 빠르고 더 많은 것을 성취할 수 있다는 것이다. 어떤 부분은 대단히 뛰어나고 어떤 부분은 현저히 떨어지는 불균형 상태에서는 영재성을 보이는 어떤 분야가 두드러진다고 해도 온전히 발전해나갈 수 없다는 말이었다.

이때는 상담 선생님의 말이 어떤 의미인지 정확하게 알지 못했다. 하지만 초등학교 5학년, 대학부설 영재교육원을 경험하게 되면서 그 의미를 실감했다. 만약 아이가 수학과 과학에 뛰어난 재능을 보인다고 그것에만 집중했다면 어떻게 됐을까? 영재교육원이라는 기회가 왔을 때 아이는 그룹으로 진행하는 프로젝트나 토론 수업에 적응하지 못하고 자기만의 세계에만 빠져 있었을지도 모른다. 더 많은 기회와 경험들을 무심히 지나쳐버리고도 놓치는 줄도 몰랐을 것이다.

대학부설 영재교육원에서는 아이들이 주말에 하루 종일 교육받는 동안 학부모 교육도 함께 진행했다. 좋은 강사를 초빙해 자녀교육과 관련한 특강을 마련해줬는데, 이때 들은 이야기 중에 가장 인상적이었던 말이 있다. '영재는 재능을 선물받은 아이'라는 메시지였다.

과거 전두환 정권 때 상위 1% 이내의 지능을 가진 영재들에게 국가 차원에서 지원을 해준 적이 있는데, 지원이 끊기고 수년 뒤 어느 연구자가 그 아이들의 삶을 추적 조사하는 연구를 진행했다고 한다. 그들 중 한 명은 한 분야의 석학이 되어 있었고, 한 명은 당구의 지존이 되어 있었다. 그리고 나머지는 대부분 일용직 노동자, 평범한 회사원으로 일하고 있었고, 일부는 삶이 망가져 있었다고 한다.

인터뷰에서 그들이 남긴 말이 영재의 속성을 잘 보여준다.

"머리가 좋은 게 무슨 소용이에요. 나를 도와줄 사람이 없는데."

영재는 재능을 선물받은 존재지만, 그 재능을 어떻게 활용하고 발전시켜나갈지를 스스로 알지는 못한다. 귀한 재능을 귀한 곳에 쓰도록 이끌어주는 사람이 없으면 결국 그 선물은 빛을 발하지 못하는 것이다.

지능검사에서 아이큐가 높게 나오면 엄마들은 쉽게 방심해버린다. '똑똑하게 타고났으니 알아서 잘하겠거니' 생각하며 아이의 재능을 인정하고 받아들인다는 것이, 자칫하면 아이를 방치하는 결과를 불러온다. 일산의 집에서 수원에 있는 영재교육원으로 고속도로를 타고 꼬박 두 시간을 달려 왕복하기를 수년 동안 반복하면서 나는 영재교육에 대한 관점을 바꾸게 됐다. 타고난 영재라고 해도 그 재능을 발전시키고 제대로 활용하기 위해서는 부모의 역할과 지도의 중요성이 무엇보다 크다는 것을 몸소 느끼고 배운 것이다. 내 아이가 가진 선물이 그저 선물상자 안에 담긴 채 자기만족으로만 끝나지 않도록, 선물의 가치와 의미를 꺼내 찬란한 빛을 보게 해줘야 한다는 것을.

실패를 성장으로
바꾸는 법을 가르쳤다

아이와 관련된 정보라면 나는 모든 걸 꼼꼼하게 읽었다. 학원 설명서, 학교 알림장, 교육청 홈페이지 정보 등을 빠짐없이 읽고 숙지했다. 엄마는 아이보다 훨씬 큰 그림을 봐야 한다. 그러기 위해서는 아이가 몸담고 있는, 몸담을 가능성이 있는 모든 기관에 대해 알아야 하고, 그것을 파악하기에 가장 좋은 방법은 '설명서', 즉 기관이 제공하는 정보들을 꼼꼼하게 읽는 것이다. 그래야 아이에게 필요한 것이 무엇인지, 아이에게 유리한 활동은 무엇인지 파악하고 안내해 줄 수 있다. 이렇게 모든 정보를 꼼꼼하게 읽고 미리 숙지하는 습관은 뜻밖의 상황에 위기를 돌파하는 출구가 되기도 했다.

　'한국정보올림피아드'라는 대회에 나갔을 때의 일이다. 고양시 초등학생 중에 본선에 올라간 것은 우리 아이가 처음이어서 아이는 많은 이의 기대를 한 몸에 받았다. 교장 선생님, 교무부장 선생님은 물론 고양시 교육지청장의 전화까지 받은 터였다. 고양시의 위상을 높여달라는 응원을 받으며 우리는 천안의 대회장으로 향했다.

　한국정보올림피아드는 네 시간 동안 코딩 시험을 치르면 당일에 점수를 확인할 수 있었는데 전국 각 시도를 대표하는 뛰어난 아이들이 모여서 치르는 대회라서 문제를 풀기만 해도 장려상을 받을 수 있었다. 아이는 자신만만하게 시험장 안으로 들어갔고 나는 대회를 잘 치르기만을 바라며 기다렸다.

　그런데 아무리 기다려도 아이가 나오지 않았다. 영재교육원에 같이 다녔던 다른 아이들, 전국에서 온 각 시도 대표 아이들은 하나둘씩 나오기 시작하는데 우리 아이만 보이지 않았다. 초조하게 시험장 입구만을 바라보며 서 있는데 아이랑 같이 들어갔던 친구가 다가와 조심스럽게 말을 건넸다.

　"제가 말한 건 비밀이에요. 컴퓨터 오류 나서 꺼져버렸대요. 빵점일지도 몰라요."

시험장과 대기 장소를 가르는 구분선 너머로 눈물로 범벅이 된 아이가 서 있는 게 보였다. 사건의 전말은 이랬다. 컴퓨터로 치르는 시험이라서 대회 전날 컴퓨터에 이상이 없는지 확인하는 절차가 있었다. 하지만 아이가 시험을 치를 대회장은 지방이라 사전에 컴퓨터를 점검할 수 없었다. 컴퓨터에 이상이 있을 수 있다는 생각을 전혀 못 한 아이는 세 시간 40분 만에 코딩을 모두 완료하고 마지막에 저장하려고 엔터 키를 눌렀고, 그 순간 컴퓨터가 꺼져버렸다. 살릴 수 있는 자료가 단 하나도 없었다. 꼭두새벽에 일어나 많은 사람의 기대를 한 몸에 받으며 일산에서 천안까지 세 시간을 달려오고 네 시간 동안 치른 시험의 결과가 컴퓨터 오류라니, 초등학생 아이가 감당하기엔 너무 큰 좌절이었을 것이다. 시험장에서 얼마나 울었는지 아이는 정신을 못 차렸고, 나 역시 당황해서 다리가 후들거렸다.

그때 시험 전에 읽은 안내문의 내용이 떠올랐다. 감독관 선생님을 불러 사정을 이야기했다. 대회 안내문에는 컴퓨터 오작동이나 오류로 인해 문제가 생겼을 때는 추가 시간 15분을 더 줄 수 있다는 규정이 있으니 아이에게 추가 시간을 달라고 요청했다.

"지금 이런 상황에서 15분을 더 준다고 뭐가 달라지겠습니까."

선생님의 반응은 회의적이었다.

"우리 아이가 실력이 없어서 그런 거면 그냥 받아들이겠는데, 절대 그게 아니거든요. 새벽 4시에 출발해서 힘들게 여기까지 왔고 고양시에서는 처음으로 출전하는 대회라서 상도 받지 못하고 돌아가면 다들 실망이 클 거예요. 단 15분만이라도 아이가 더 해볼 수 있게 해주세요."

선생님은 잠시 고민하더니 5분을 줄 테니 일단 아이를 진정시키고 15분 동안 시험을 치르라고 했다. 하지만 정신적 충격이 너무 컸던 아이는 못 하겠다고 버텼다. 머릿속에 아무 생각도 안 난다고.

"아니야, 할 수 있어. 다른 생각은 하지 말고 마지막에 풀었던 거 하나만 기억하자. 나는 네가 한두 줄이라도 쓸 수 있을 거라고 생각해. 지금은 못 할 것 같지만 막상 들어가서 하다 보면 기억이 날 거야. 이 기회를 그냥 포기하면 두고두고 후회할 것 같지 않아?"

내 설득에 아이는 겨우 진정하고 시험장으로 들어갔다. 주어진 시간은 고작 15분이었지만 그래도 두 문제가 생각났다고 한다. 아이는 동상을 받았다.

이 사건 이후로 아이는 어떤 대회에서도 당황하지 않았다. 기대에는 미치지 못한 상이었지만, 다 끝났다고 생각했던 순간을 다시 살려냈다는 사실 자체가 아이의 마음을 든든하게 해준 것이다. 아무리 어려운 상황이라도 어떻게든 길을 찾아낸 그 경험은 아이를 더 단단하게 만들어준다.

내가 그때 아이에게 '왜 저장을 미리미리 안 했냐'며 타박했다면, 그 대회는 우리 모두에게 상처로만 남았을 것이다. 사실 나도 상당히 당황했고 혼란스러웠다. 대회 안내문을 제대로 보지 않았다면 추가 시간을 받을 수 있다는 규정도 모르고 넘어갔을 것이다. 감독관 선생님도 직접 확인한 뒤에야 규정을 인지했기 때문이다. 그때 나는, 이 순간 아이에게 보여줘야 할 최선의 모습이 뭘까 고민했다. 왜 그런 바보 같은 짓을 했느냐고 혼내고 아무런 소득도 없이 그길로 집에 돌아가는 게 맞을까, 단 15분이라도 최선을 다해 할 수 있는 것을 하도록 독려하는 것이 맞을까. 내 선택은 당연히 후자였고, 아이는 그렇게 한 단계 더 성장했다.

우리만의
현장학습 1번지가 있었다

　학부모 면담을 갈 때마다 교사들은 늘 걱정스러운 얼굴로 물었다. 너무 많은 대회를 나가는 것 같은데 아이가 힘들지 않겠냐고.

　내 전략의 기본은 '할 수 있을 때 가능한 모든 것을 준비'하는 것이었다. 아이 이력에 도움 될 만한 전국대회가 있을 때마다 빠짐없이 출전하고자 한 것인데, 이런 대회에 나가려면 선생님의 추천서가 필요하니 사전에 담임교사에게 요청을 해야 한다. 그때마다 교사는 아이가 무리하는 것 아니냐고 걱정했다. 지금까지 한 것으로도 충분한 것 같은데 어머니가 아이를 너무 힘들게 하는 게 아니냐는 것이다.

큰아이는 지금도 그렇지만 워낙 말이 없고 자기표현에 소극적인 성격이었다. 그래서 선생님들이나 다른 사람들이 보기에 이 활동들을 아이가 원하는 것인지, 엄마가 원하는 것인지 파악하기가 힘들었을 것이다. 그런데 사실 아이는 이런저런 대회에 나가는 것에 대한 스트레스가 전혀 없었고 오히려 그것을 즐기고 있었다.

공부 자체에도 스트레스가 없었기 때문에 집에서 몇 시간이고 가만히 앉아 문제집을 풀곤 했으니, 따로 대회 준비를 하지 않아도 늘 준비가 되어 있을 수밖에 없었다. 그러니 대회만 나가면 수상을 하고, 상을 받으니 기분이 고무되고, 기회가 닿으면 언제든 대회에 나가는 걸 자연스럽게 여겼다.

한때는 이게 혼자만의 착각이 아닐까 생각해봤지만, 아이의 반응을 보면 의심할 여지가 없었다. 아이는 내가 그냥 지나가듯 하는 말도 늘 귀 기울여 듣고 실행했다. "다음 달에 교육청에서 ○○ 대회가 있다고 선생님이 얘기하실 거야. 그러면 그 대회 신청해줘"라고 하면 전혀 안 듣는 것 같다가도 때가 되면 잊지 않고 신청했다. 무심코 얘기한 것도 빠짐없이 기억하고 실행에 옮겼다.

'항상 준비된 상태'라는 건, 일상에서 반복되는 고정된 일과 외에 새로운 이벤트가 생겼을 때 그것을 수행하는 게 일상의 항상성을 크게 깨뜨리지 않는다는 의미다. 그러니까 전국대회 하나를 출전한다고 할 때, 그 대회 출전 준비가 교과 공부를 크게 방해하지 않는 것이다. 그것은 당장 필요한 공부만 하기보다는 당장은 쓸모없어 보이는 공부나 활동도 아이가 하고자 한다면 전폭적으로 지지하고 지원했기에 가능한 일이었다.

아이가 초등학교 5학년 때쯤, 주말마다 세운상가에서 브레드보드를 배운 적이 있다. 일명 '빵판'이라고 불리는 브레드보드는 자신이 직접 회로도를 설계해 특정 소리를 내거나 전자기기를 작동시키는 기판이다. 아이가 출전할 만한 유명한 전국대회로 과학탐구토론대회, 물로켓대회, 전자과학 탐구대회가 있었는데, 토론대회는 여럿이서 그룹을 짜서 나가야 했기 때문에 친구가 별로 없는 우리 아이는 출전하기가 어려웠다. 물로켓대회는 물병에 물을 채워서 얼마나 더 멀리 나가는지를 겨루는 것이었는데, 변수가 너무 많은 복불복 대회라는 생각이 들었다. 그렇다면 남은 것은 전자과학 탐구대회. 이 대회에 나가려면 브레드보드의 회로를 만들 줄 알아야 한다는데 그것은 학교에서 가르쳐주는 것도, 학원에 다녀서 배울 수 있는 것도 아니었다. 여기저기 물어보니 세운상가의 홍인전자라는 곳에 가면 브레드보드 키트를 살 수 있고 그곳에서 간단한 사용법을 알려준다고 했다. 관련 책도 판매하니 대충 어떻게 활용하는지 들은 뒤 책을 보며 배우면 될 것 같았다.

첫째와 둘째를 데리고 흥인전자에 가서 브레드보드를 구입했다. 간단한 설명을 듣고 아이와 함께 열심히 사용법을 익혔고 다섯 살 짜리 둘째는 옆에서 기탄수학을 풀었다. 세 식구가 다 같이 와서 열성적으로 하는 모습이 기특했는지, 사장님이 아이를 사장실로 불렀다. 그러더니 잠시 후에 나를 불렀다. 당시 사장님이 뇌병변 장애가 있어서 말이 다소 어눌했는데 아이가 내 말을 못 알아들으니 엄마가 옆에 와서 통역을 하라는 것이었다.

그렇게 우리의 세운상가 주말 나들이가 시작되었다. 주말마다 바쁘게 어딜 다니니 사람들은 사교육을 받으러 다닌다고 생각했다. 남편은 도대체 세운상가를 왜 가는 거냐며 이해를 못했지만, 우리에게 그 시간은 무척 재미있고 의미 있었다. 돈 주고도 살 수 없는 경험이었다. 눈도 안 좋은 아이가 미세한 집게로 브레드보드에 회로를 입력하려고 들여다보다가 속이 울렁거려서 토하기도 하고, 공구박스 같은 걸 들고 주차할 데를 찾지 못해 몇 바퀴를 돌며 고생하기도 했지만 아이는 굉장히 즐거워했다. 사장님도 아이를 수제자처럼 아끼고 예뻐했다.

그렇게 브레드보드 원리를 익히고 초·중등 과학대회에서 상을 받았다. 대회에 나가면 회로도를 작성하고 지정된 소리가 나는지 확인하는 실기 시험까지 마쳐야 했는데, 홍인전자 사장님에게 많은 것을 배운 아이는 대회 성적이 늘 좋았다. 소문을 들은 아이들이 그곳에 여럿 찾아왔지만 대부분 중도 포기했다.

이런 대회 수상 경력은 당장의 학교 성적에 반영되는 것도 아니고 점수를 높여주는 것도 아니었다. 그런데도 주말 시간을 온전히 투자하고 있으니 모르는 사람이 보면 엉뚱한 데 시간 낭비를 하고 있다고 생각했을 수도 있다. 하지만 당장 필요한 것만 했다면 우리는 늘 허덕이며 입시 조건들을 따라가기에 급급했을 것이다.

상담을 하면서 학부모님들에게 종종 그런 이야기를 한다. 딱 필요한 것만 하지 말고, 당장은 필요 없는 것처럼 보여도 아이가 좋아하고 잘하는 분야라면 망설이지 말고 지원해주라고. 아이와 세운 상가를 다니며 브레드보드를 배웠던 것은 순전히 아이가 그걸 좋아하고 즐겼기 때문이지 당시에는 어떤 전략을 갖고 진행했던 것은 아니었다. 아이에게는 그것이 일종의 심화된 취미 생활이었고, 나는 그것을 전폭적으로 지지했던 것이다. 공부 시간을 뺏기더라도 아이가 즐거워하는 것을 마음껏 하게 해주고 싶었다.

결과적으로 그런 배움을 통해 또 하나의 수상 경력을 만들었고, 회로도를 연구하면서 전류가 어떻게 흐르는지, 전자기 부품들은 어떤 게 있는지, 전압량은 어떻게 계산하는지 자연스럽게 체득하면서 과학적 지능을 키워나갔다. 이런 이력들은 훗날 영재고 입학, 다섯 군데 명문대 합격에 지대한 영향을 미쳤다고 믿는다. 남들에게는 없는 우리 아이만의 이력과 경험이었기 때문이다.

물론 교과 학습도 하면서 뭔가를 추가적으로 하나 더 한다는 게 쉽지는 않은 일이다. 하지만 치열한 입시 경쟁 속에서 남다른 개성과 특기를 만들어두지 않으면 경쟁력을 갖기가 어렵다. 그 순간은 조금 버겁더라도 미리 준비해두면 이후부터는 여유가 생긴다. 일단 하나를 더 해두면 나중에 그 경험에 위에 또 다른 경험을 쌓아가는 것이 어렵지 않다.

우리는 아주 먼 미래까지 계획하고 그것을 실행에 옮겼다. 이 계획에서 변수가 없는 것은 서류, 즉 기록이었다. 면접이나 시험은 당장 닥치지 않으면 결과를 예측할 수가 없다. 당일에 유난히 컨디션이 나빠 면접을 잘 보지 못할 수도 있고, 뜻하지 않은 실수로 시험을 망칠 수도 있다. 아무리 열심히 준비해도 실전에서 변수는 어디서 나타날지 아무도 모를 일이다.

하지만 서류는 변하지 않는다. 수행평가 기록, 생활기록부, 대회 수상 기록, 봉사활동 점수 같은 서류상으로 기록되는 것들은 미리미리 준비할 수 있다.

지금 아이가 좀 힘들다고, 안쓰럽다고 몸을 사려서 불안한 것보다 당장에 조금씩 시작해나가는 게 낫다. 오늘 준비할 수 있는 건 오늘만 할 수 있는 것이기 때문이다. 지나간 시간은 다시 오지 않는다. 서류에서 할 수 있는 최선을 다해놓아야 예측할 수 없는 변수에 대비할 수 있다.

요령보다 기본에
충실했다

아이는 경기도 영재교육원을 수료하고 대학부설 기관인 아주대 영재교육원의 정보 분야 기초와 심화반, 그리고 중등 사사과정까지 모두 수료했다. 주변에서 많은 사람이 영재교육원 합격의 비밀을 물어오곤 했는데, 돌이켜보면 과연 우리에게 그런 비법이 있었는지 모르겠다.

선생님 추천으로 경기도 영재교육원에 지원할 때도 정보 분야가 뭔지도 모른 채 지원해야 해서 자기소개서에 솔직하게 썼다. 정보 분야, 컴퓨터를 잘 알지 못하지만 열심히 배워보고 싶다고.

아주대 영재교육원 시험 때도 특별히 학원을 다니거나 면접 대비 과외를 받지도 않았다. 지금 생각하면 무슨 배짱이었는지 모르겠지만 그때도 나는 열심히 문제집만 풀게 했다. 당시 하늘교육에서 나오는 사고력수학 문제집 『씨맥스』와 과학 문제집 『창의사고력과학』을 중등 과정까지 모두 구입해 전 과정을 풀게 했다. 아주대 영재교육원은 경쟁률이 굉장히 높았다. 그도 그럴 것이 당시 우리는 고양시에 살았기 때문에 경기도 지역만 지원할 수 있었는데 경기도에 대학부설 영재교육원을 운영하는 대학이 아주대, 대진대, 경원대(현 가천대), 세 군데뿐이었다.

보통 수학·과학·정보 세 분야로 나누어 각 분야당 20명 정도 선발을 하는데 500~600명씩 지원했으니 경쟁은 정말 치열했다. 서류를 통과하고 필기시험에 합격하면 3차 면접 대상자가 됐다.

면접시험을 보는 날, 그날도 꼭두새벽부터 도시락 세 개를 싸서 씽씽카와 함께 차에 실었다. 둘째 아이를 봐줄 사람이 없어서 첫째 아이의 온갖 시험과 대회에 늘 둘째도 함께했기 때문이다. 매번 여행 다니듯이 대회에 나가고 시험을 보러 다녔지만 어쩐지 이날은 조금 떨리고 긴장도 됐다.

아이가 면접장으로 들어가고 떨리는 마음으로 기다렸다. 그리고 저 멀리서 해맑은 얼굴로 면접장을 나오는 아이가 보였다.

"면접 잘 봤니? 뭐 물어봤어?"

"어, 나한테 평소에 뭐 좋아하냐고 물어보길래 동생 괴롭히고 노는 거 좋아한다고 했어."

"뭐?"

그 순간 합격은 물 건너갔구나 싶었다. 면접 대비를 해본 적이 없으니 아이는 면접이란 게 어떤 건지 전혀 감이 없었다. 울화통이 터졌다.

"너 평소에 코딩하는 거 좋아하잖아. 왜 그런 얘긴 안 했어? 네가 면접관이면 맨날 논다는 애를 뽑고 싶겠니? 그리고 네가 언제 맨날 놀기만 했어, 공부도 많이 했잖아."

"음…… 솔직하게 얘기하라길래 솔직하게 얘기했는데?"

같이 면접 본 다른 아이들에게 어떤 질문을 받았냐고 물어보니 과학기술이 계속 발달하는 게 인류에게 좋은 일인지, 아닌지 토론해보라고 했단다. 그런데 내 아이는 평소에 좋아하는 게 뭐냐는 질문 하나, 동생이랑 논다는 대답 하나, 그렇게 끝났다는 것이다. 세상에!

다행히 필기시험 성적이 아주 좋았는지 최종적으로 합격은 했다. 생각해보면 나도 그렇고 아이도 그렇고 먼 미래를 내다보며 큰 그림을 보기를 좋아했지만, 그때그때 주어진 과제나 미션 앞에서는 늘 솔직했던 것 같다. '이렇게 하면 합격하겠지', '학원을 다니면 도움이 되겠지', '면접 시뮬레이션을 해보면 대비할 수 있겠지' 같은 생각은 하지 않았다.

주어진 시험이 있으면 그것보다 좀 더 넓은 범위의 문제를 풀어서 대비하고, 면접에서는 요령 피우지 않고 늘 솔직했던 것, 그것이 딱 그 나이의 초등학생다운 자세였던 것 같다. 아무리 학원을 다니고 과외를 받아도 면접관들은 '이 아이가 합격한 뒤 영재교육을 제대로 이수할 수 있을지, 없을지'를 정확하게 파악한다. 결국 기본에 충실한 것만이 무수한 경쟁에서 이기는 비결이 아닐까 한다.

지속 가능한 공부에
아낌없이 투자했다

영재교육원에서 얻은 가장 큰 소득은 롤모델이었다. 뛰어난 아이들이 학년 구분 없이 한자리에 모여 있으니 스스로 평가의 기준이 학급이나 학교에 머무르는 게 아니라 범위가 훨씬 넓어진 것이다. 나는 아이에게 세계지도를 자주 보여주곤 했다. 이 넓은 세계지도 안에서 고양시를 찾아보라고, 너희 학교를 찾아보라고. 점으로도 표시하기 어려울 정도로 작은 이 도시의 학교에서 네가 1등을 한다는 게 그렇게 대단한 일은 아니지 않겠냐고.

스스로를 평가하는 기준에 한계가 없으니 아이는 늘 노력하고 노력했다. 전교 1등을 했다고 만족하지 않고, 전국대회에서 수상했다고 안주하지 않았다. 아이의 세상은 고양시가 아니라 세계였다. 그런 마음을 끊임없이 자극한 것은 영재교육원의 친구와 선배들이었다.

분당, 수원, 평촌, 일산, 군포, 이천 등 온갖 교육열 높은 도시에서 몰려든 똑똑한 아이들을 만나다 보니 정보가 넘쳐났다. 영재교육원은 한 해가 지날 때마다 시험을 봐서 이 교육을 이수할 능력이 꾸준한가를 테스트했기 때문에 중간에 낙오되는 아이들도 있었다. 그렇게 거르고 걸러서 중등 사사과정까지 마친 아이들은 대부분 서울대, 카이스트, 연세대, 고려대 등에 진학했다. 아이들은 서로 자극을 주고받고 선의의 경쟁을 하며 실력을 키워나갔다.

영재교육원의 독특한 교육 방식은 사고의 폭을 끊임없이 넓히도록 독려했다. 가령 200×200의 마방진을 채워 오라는 과제를 계속 내줬는데, 처음엔 밤새 일일이 채워나가던 아이가 나중에는 컴퓨터로 할 수 있는 방법을 찾기 시작했다. 코딩으로 마방진 문제를 해결하는 방법을 스스로 탐구하기 시작한 것이다. 배운 것 중에 적용할 만한 게 있는지 찾아서 그 조건을 컴퓨터에 입력해 빠르게 과제를 해결해나갔다. 그러다 보니 수학이 어떤 원리로 이뤄지는지, 또 그것이 컴퓨터에 어떻게 적용되는지 자연스럽게 익혀나갔다.

어려운 과제들을 수행하느라 늘 바쁘고 시간이 없었지만, 아이는 나름의 취미 생활도 했다. 바로 직소퍼즐 맞추기와 스도쿠, 바둑, 장기 같은 놀이였다. 컴퓨터를 공부하긴 했지만 컴퓨터 게임에 빠지는 일은 없었다. 대신 끊임없이 고민하고 생각해서 답을 찾아야 하는 숫자게임이나 치밀한 전략이 필요한 바둑이나 장기 두는 걸 좋아했다. 이런 것들은 하면 할수록 미션이 어려워지고 규칙을 찾지 못하면 앞으로 나아가지 못한다. 생각의 단계를 계속해서 발전시켜야 하는 것이다. 답을 찾으려면 스스로 사고 수준을 높이기 위해 노력해야 하고 그것을 완성했을 때의 성취감은 더 높은 단계에 대한 도전 의식까지 이어진다. 열 조각짜리 직소퍼즐 하나를 맞추면 50조각, 100조각, 1,000조각까지 도전하고, 열 칸짜리 스도쿠를 성공하면 100칸짜리 스도쿠까지 확장되는 식이었다.

가끔은 '저 정도로 빠져들게 내버려둬도 되나' 싶을 때도 있었다. 과제도 해야 하고 할 일이 산더미 같은데 퍼즐에 골몰한 아이를 보고 있자니 조급한 마음도 들었다. 하지만 비록 그 형태가 '놀이'여도, 스스로 답을 찾아가는 과정을 거치지 않으면 완수할 수 없는 놀이인 만큼 아이가 하고자 하면 말리지 않았다. 기본적으로 아이가 하고 싶어서 하는 일에 반기를 들지 않았다.

아이는 지금 방위산업체에서 군 복무 중이다. 신체검사에서 4급을 받아 공익근무요원이 될 수도 있었는데, 최신 기술을 배울 수 있는 기업에서 AI 관련 공부를 이어가고 싶어 했다. 그래서 혼자 독학으로 딥러닝 책을 보며 공부해서 3차까지 시험을 보고 AI 기술을 활용한 다양한 서비스와 플랫폼을 개발하는 방위산업체에서 군 복무를 하고 있다.

내가 만약 '컴퓨터는 당장 학교 성적에 도움 안 되니까 그런 건하지 마'라고 했다면 이런 결과는 없었을 것이다.

아이가 가는 길이 모두가 발을 딛고 가는 공식에 맞는 길은 아니었을 수 있다. 하지만 스스로 탐구하고 연구하고 시행착오를 겪으며 얻은 경험은 자신의 길을 직접 개척하는 밑거름이 됐다. 사회성도 부족하고 세상 물정에도 어두운 아이였지만, 어린 시절 이런 경험이 있었기에 성인이 돼서도 자기가 어떤 길을 가야 할지 확신을 갖고 나아갈 수 있었던 것이다.

사교육은
최소한으로 줄였다

우리가 가장 많이 받는 오해가 '사교육발'로 입시에 성공했다는 것이다. 어릴 때부터 상급 코스를 착착 밟아갔으니 사교육의 힘이 컸을 거라 생각하는 것도 무리는 아니다. 적절한 때에 적절한 방식으로 사교육을 받으면 분명 도움이 된다. 하지만 모든 공부가 학원과 과외로 해결되지는 않는다.

내가 사교육을 많이 시킬 수 없었던 건, 그만한 자본이 없었기 때문이다. 또한 아이에게 잘 맞는 사교육을 찾기가 어려웠다. 일반 유치원에 다니다가 케이지영재학술원에서 테스트를 받고 2년 동안 케이지영재학술원 교육을 받았고, 이후에 영어유치원과 폴리어학원에 다녔다. 아이가 받은 사교육은 이 정도가 전부인데 그마저도 조금 다니다가 그만뒀다.

어떻게 보면 케이지영재학술원에서 사교육의 맛보기를 경험했는데, 종합적인 사고를 할 수 있도록 다양한 관점으로 수업을 하긴 했지만 그게 모든 아이에게 맞는 건 아니었다. 예를 들어 '멸종된 동물들이 멸종되지 않고 살아 있다면 과연 어떤 동물이 살아남았을까? 상상 속의 동물을 그려보자'라는 주제를 주고 그 동물이 살아남을 수 있었던 신체 조건, 자연 조건, 환경 적합성 같은 걸 추론해서 쓰라는 식이었는데, 상당히 고차원적인 교육처럼 보이지만 우리 아이가 흥미를 느낄 만한 내용은 아니었다. 아이는 종합적인 사고를 요하는 것보다 혼자서 수학 문제를 푸는 것을 선호했다.

사회 수업에서는 여권을 만들어 각 도시의 특성, 음식, 명소 등을 정리해 여행 계획을 짜보는 프로젝트도 하곤 했지만 아이는 통 흥미를 느끼지 못했다. 교육의 질은 높았지만 아이의 성향과 맞지 않았기 때문에 나는 과감히 이 수업을 포기했다.

초등학교 5학년 때 잠깐 다녔던 수학학원도 꽤 유명한 강사가 원장으로 있는 학원이었지만 정작 아이는 학원을 지루해했다.

적절한 사교육이 효과적인 학습으로 이어지는 경우도 있고, 사교육의 도움이 필요하지만 여건이 안 돼서 시킬 수 없는 경우도 있다. 또 사교육을 받아도 큰 도움이 안 되는 경우도 있다. 각자의 상황과 아이의 상태에 따라 선택과 집중을 하지 않으면 아이는 계속해서 길을 찾지 못하고 헤매게 된다. 공부에 도움이 된다고 이것저것 시키다가는 아이를 한계까지 몰아붙이게 되고, 그러면 아이는 금방 지쳐버린다. 내가 특히 신경 썼던 부분이 바로 남들보다 하나 더 하되, 아이가 할 수 있는 만큼만, 현실적인 상황과 물리적인 시간이 허용하는 만큼만 하는 것이었다.

초등학교 5학년 때 폴리어학원을 다녀봤지만 학원 숙제를 할 시간이 없었다. 주말마다 영재교육원에 다니며 각종 프로젝트와 대회에 참가하느라 도저히 시간이 나지 않았던 것이다. 고민 끝에 영어와 국어는 학교 수업에만 충실하게 하는 것으로 결론을 냈다. 올림피아드 대회에 나가고 브레드보드를 배우러 다니고 주말에는 영재교육원 수업도 받아야 하는데 수학과 과학 외에 다른 과목까지 몰입하는 건 현실적으로 힘들다고 생각했다.

그나마 영어유치원을 다녔던 터라 영어는 기본적으로 잘하는 편이었고, 국어는 딱히 다른 방법이 없어서 그저 책만 열심히 읽혔다. 다행히 아이가 역사책을 정말 좋아했다. 책을 읽으면 한 권을 여러 번 읽는 성격이어서 새로운 책을 사달라고 하지도 않았다. 집에 있는 역사책을 읽고 또 읽었다. 천생 이과 체질이었는지 역사책 내용 중에서도 특히 연표를 좋아했다. 역사적 서사보다는 시대 순으로 머릿속에 정렬되는 순차적인 연표가 아주 흥미로웠던 모양이다. 초등학교 국어와 영어가 대단히 어려운 수준은 아니었으니 내신은 그 정도로도 충분했다.

큰애가 초등학교에 다니던 시절에는 수행평가가 많지 않고 대부분의 시험이 지필평가였다. 아이가 중학교에 다니던 무렵부터 수행평가가 생기기 시작했는데, 아이는 수행평가에 강한 유형이 아니었다. 대부분의 수행평가라는 것이 창의성이나 사고력을 요하는 게 아니라 성실도와 정성을 평가하는 것들이었다. 스티로폼으로 활자를 만들어 오라고 하거나 파워포인트로 뭔가를 만들어서 발표하는 식이었는데, 아이의 성향상 수행평가에서 좋은 점수를 받기는 어려울 것 같았다. 그래서 애초에 중학교 지망 학교를 수행평가 반영 비율이 적은 학교 위주로 골랐다.

봉사활동도 중학교 이후부터 시작했다. 초등학교 때는 전교 어린이회장과 부회장을 하면서 너무 바빴기 때문이다. 리더십을 발휘하는 교내 활동과 봉사라는 외부 활동을 둘 다 완벽하게 수행하기는 불가능했다. 이때도 역시 선택과 집중이 필요했다. 아이는 내성적이고 말이 없고 나서는 성격은 아니었지만 멍석을 깔아주면 잘해냈다. 친구들 사이에서 인기가 있는 스타일은 아니었으나 학업 성적이 우수했으니 전교회장은 도전해볼 만했다. '방송실에서 맨날 상받는 선배'의 이미지가 쌓여 있으니 성적이 우수하고 모범적인 인물에게 표를 던지고자 하는 아이들의 지지를 받을 수 있었다. 전교 어린이회장과 부회장을 역임하면서 체육대회, 친선축구 등 다양한 활동들을 하느라 외부 봉사활동은 힘들겠다고 판단하고 과감하게 포기했다.

모든 걸 완벽하게 해낼 수는 없다. 좋은 성적을 얻고 생활기록부를 풍성하게 만들고 특기를 살려 발전시키고 예체능까지 놓치지 않는 아이로 만든다는 건 현실적으로 불가능한 일이다. 한계선을 빨리 인정하고 아이가 가장 잘할 수 있는 게 뭔지 고민하고 선택한 뒤 온전히 그것에 집중할 수 있도록 하는 게 제일 중요하다. 아이가 소화할 수 있는 영역 내에서 무리하지 않고 필요한 일만 진행하는 것, 이것이 '길고 확실한 성장'을 도모하는 길이다.

5장

초등
학습·생활 지도
고민 상담 Q&A 22

"

백 명의 학부모와 만나 상담을 하면 백 개의 고민이 있을 것 같지만,

사실 다들 비슷한 고민들을 가지고 있다. 아이의 나이, 성적, 성격, 기질,

잘하는 것, 못하는 것 등 그 특성은 각각 다르지만 신기하게도

엄마들의 걱정과 고민은 한결같다. 이 장에서는 그동안의 일대일 학습

컨설팅 과정에서 엄마들이 가장 자주 물었던 질문과 고민,

그리고 그에 대한 솔루션을 총망라해보았다.

"

01

독서 편식 심한 아이,
그대로 내버려둬도 될까요?

4학년 아이가 어릴 때부터 책 읽기를 굉장히 좋아했고 지금
도 정말 열심히 읽어요. 그런데 사달라고 하는 책들을 보면 비
슷한 것만 골라서 읽는 것 같아요. 독서를 능동적으로 해서
다행이긴 한데, 이렇게 독서 편식이 심한 아이를 그대로 둬도
괜찮을까요?

A 　아이에게는 단백질이 필요한데 고기를 안 먹는다면 어떻게 하실 건가요? 모든 반찬을 싹 치우고 고기 반찬만 내놓고 먹게 할까요? 그럴 사람은 아마 아무도 없을 겁니다. 고기를 안 먹어서 단백질이 부족할까 걱정된다면 보통은 두부나 콩으로 보충하거나 고기를 좋아할 수 있도록 다양한 요리를 만들어보겠지요.

　독서 지도도 마찬가지입니다. 좋아하는 분야의 책만 읽는 게 걱정이라면, 좋아하지 않는 분야의 책도 읽을 수 있도록 자연스럽게 유도해야 해요. 만약 과학 분야를 싫어한다면『과학동아』나『과학소년』같은 잡지 형태의 책을 권하는 식이지요. 어떤 부모들은 아이가 좋아하는 책만 읽는다며 그 책들을 눈에 보이지 않는 높은 곳에 올려두고 읽었으면 하는 책을 눈에 잘 띄는 곳에 꽂아두기도 합니다. 하지만 이런 극단적인 방법으로 접근하면 그나마 있던 흥미조차 사라질 위험이 있어요. 책을 좋아하고 자진해서 읽는다면 그 습관을 그대로 지속하도록 이끌어야 합니다.

　평소 관심이 없던 분야라도 글밥이 적은 얇은 책, 난이도가 낮은 책, 시각적인 요소가 많이 들어간 잡지 등으로 가볍게 접하게 해주세요. '관심도 없고 싫어하는 분야라고 생각했는데 읽어보니 재미있네?'라고 스스로 흥미를 느껴야 분야를 확장해나갈 수 있습니다.

다만 여기서 잊지 말아야 할 것이 있습니다. 책 읽기를 좋아하고 열심히 한다면, 그 책들이 설령 한정된 분야라 할지라도 부모가 그걸 굳이 말리거나 억지로 분야를 넓히려 애쓸 필요는 없다는 거예요. 좋아하는 분야를 열심히 읽으면, 아이는 그 분야에 관한 한 일종의 마니아가 됩니다. 어찌 보면 전문성을 갖게 되는 거죠. 마니아가 되는 건 나쁜 게 아니잖아요. 오히려 아이 스스로 적성과 개성을 만들어나가고 드러낼 기회가 되기도 합니다.

아이들의 발달 과정은 완벽할 수 없습니다. 우리 어른들이 그렇게 커왔던 것처럼요. 아이가 모든 면에서 완벽해지기를 바라지 마세요. 책을 좋아하고 열심히 읽는다는 것, 그 자체가 충분히 긍정적인 신호입니다. 굳이 독서 편식을 고치려고 무리하지는 않기를 바랍니다.

말은 잘하는데
글쓰기가 엉망입니다

아이의 언어 능력이 어느 정도 수준인지 가늠이 안 돼서 답답
해요. 말하는 걸 보면 괜찮은 것 같다가도 글쓰기 숙제 같은
걸 보면 심란합니다. 논술학원에 보내면 도움이 될까요? 논술
은 언제 시작하는 게 좋을까요?

A　아이가 글쓰기 숙제를 못하는 게 정말 언어 구사력이 떨어져서일까요? 물론 그럴 수도 있지만, 아닐 수도 있습니다. 글은 고민하는 만큼 쓸 수 있습니다. 글쓰기를 어려워하는 아이들은 생각을 정리하고 고민하는 과정 자체를 싫어하거나 어려워할 가능성이 높아요. 글이란 건 머릿속의 생각을 문장으로 옮겨 전달하는 것인데, 일단 생각 자체를 회피하면 말하기를 얼마나 잘하는지와는 별개로 출력 자체가 안 되겠지요.

아니면 글 쓰는 방법을 몰라서일 수도 있습니다. 머릿속에 백 가지 생각이 가득 차 있는데 그 생각을 어떻게 표현해야 할지 몰라 의식의 흐름대로 쏟아내는 것이지요. 이런 경우도 말은 아주 잘할 수 있습니다. 하지만 말하는 것과 글로 쓰는 것은 다르죠. 소리로 듣는 것과 텍스트로 읽는 것도 다릅니다. 말로는 쉽게 풀어냈던 생각들을 문장으로 어떻게 만들어야 하는지, 그 방법을 알려줘야 합니다.

두 경우 모두 엄마의 역할이 매우 중요합니다. 이때 엄마는 '질문하는 사람'이어야 합니다. 생각을 회피하는 아이라면 생각을 할 수 있도록 화두를 던져주세요.

"그때 너는 어떤 기분이었지?"

"똑같은 상황에 처한다면 너는 어떻게 할 것 같아?"

"이렇게 행동하는 건 옳은 걸까, 잘못된 걸까? 잘못된 거라면 왜 잘못된 걸까?"

"그렇게 하면 결과가 어떻게 될까?"

이런 식으로 아주 구체적이고 디테일한 생각거리를 제시해야 합니다.

아이들은 글을 쓸 때 어떤 내용을 써야 할지 막막해서 갈피를 못 잡는 경우가 많습니다. 그럴 때는 최대한 많은 이야기를 써보고, 그다음에 가지치기를 하면서 다듬어나갈 수 있도록 도와주는 게 좋습니다.

보통은 부모가 직접 케어하기 너무 힘들어서 누군가에게 떠넘기고 싶다는 마음이 앞설 때 '학원에 보내야 할까?' 하는 생각을 합니다. 가혹한 말처럼 들릴지 모르겠지만, 부모 입장에서는 가장 쉽고도 효과적인 길이기 때문에 '나는 못 하겠다, 학원에 맡기자' 같은 결론이 나오는 겁니다. 그런데 부모도 힘들어하는 아이를 학원 선생님이 더 잘 봐줄 수 있을까요? 물론 비용을 지불하니까 그만큼의 역할은 해줄 수 있을 겁니다. 하지만 학원에서 우리의 아이는 다른 수많은 아이 중 하나입니다. 그 어떤 뛰어난 논술학원 교사도 엄마만큼 아이를 잘 알고 지도할 수는 없을 겁니다.

글쓰기는 학원에 보낸다고 해결되는 것이 아닙니다. 일단 '왜' 글쓰기가 안 되는지 원인을 제대로 파악하지 않으면 그저 시간과 비용을 낭비할 뿐입니다. 엄마와 함께 생각을 끄집어내는 훈련을 하고, 아이가 디테일한 요소들을 이끌어낼 수 있도록 최대한 많은 대화를 해보기를 권합니다.

03

책을 많이 읽는 건 좋은데, 책만 읽어서 걱정이에요

저희 아이는 책을 정말 좋아하고 많이 읽어요. 다른 아이들에 비하면 독서량이 어마어마하게 많은데, 책을 많이 읽는 건 좋은 거다 싶다가도 아이가 계속 이렇게 방에 틀어박혀 책만 읽어도 되는 건가 싶어요. 이렇게 놔둬도 되는 걸까요?

A 　책을 좋아하고 많이 읽는다는 것 자체는 문제가 아닙니다. 혼자 읽고 거기서 끝내는 게 문제입니다. 책을 읽을 때는 인풋과 아웃풋의 균형을 잘 맞춰가야 합니다.

　아이가 어떤 책을 열심히 읽을 때, 부모가 잘 모르는 내용이라도 자꾸 질문을 해보세요. 어떤 내용의 책을 읽고 있는지, 거기서 어떤 정보를 얻었는지, 읽고 난 후 어떤 생각을 했는지 등을 물어보세요. 간혹 아이의 생각을 위험하게 이끄는 책을 읽고 있을 수도 있습니다. 그런 책을 읽었을 때는 무조건 읽지 말라고 치우지 마시고, 아이와 대화하면서 잘못된 생각에 빠지지 않도록 도와줘야 합니다.

　가능하다면 아이가 읽을 책을 부모가 미리 검토해보는 것도 좋은 방법입니다. 가령 『우리들의 일그러진 영웅』은 초등학교를 배경으로 한 소설이지만, 초등학생 독자를 대상으로 쓰인 소설은 아닙니다. 대상 독자를 잘 모르고 단편적인 정보를 바탕으로 아이가 이 책을 고르게 될 수도 있습니다. 물론 이 책이 잘못된 것은 아닙니다. 다만 초등학생 아이가 읽기에 아직은 적절한 때가 아닐 수도 있다는 겁니다.

　혼자 책을 고르고 읽는 것만 계속 반복된다면 아이는 책을 잘못 고를 수도 있고, 유해한 정보가 포함된 책을 읽게 될 수도 있습니다. 아무리 인기 많은 베스트셀러라도 아이의 발달 단계에 적합하지 않은 책이 있을 수 있지요. 그럴 때 부모가 옆에서 세심하게 주의를 기울여줘야 합니다. 예쁜 옷이 아무리 많아도 어울리는 옷끼리 잘 맞춰 입지 않으면 소용없듯, 인풋과 아웃풋의 조화가 이루어지지 않는다면 방대한 독서량이 오히려 독이 될 수 있습니다.

04

초등 시기에는 책을
몇 권이나 읽혀야 하나요?

어릴 때 책을 많이 읽어야 사고력과 창의력이 크게 자란다고 하는데 일주일에 몇 권 정도 읽으면 충분한 독서를 했다고 할 수 있는지 그 기준을 모르겠습니다. 초등학교 3학년이라면 어느 정도의 독서량을 채워야 할까요?

독서의 절대적인 양을 늘리는 것에 집중하지 마세요. 한 권을 읽더라도 제대로 읽는 게 중요합니다. 일단 '스스로 읽는 힘'을 키워주는 게 관건입니다. '읽어야 하니까' 읽는 게 아니라 '읽고 싶어서' 읽어야 합니다. 스스로 책을 읽을 줄 안다는 것은 곧 스스로 공부할 수 있는 힘이 있다는 의미입니다.

아이들마다 책을 대하는 자세는 다를 수 있습니다. 같은 책을 여러 번 읽기를 좋아하기도 하고, 한 권의 책을 끝까지 다 읽기도 전에 다른 책을 펼쳐볼 수도 있고, 텍스트보다는 이미지에 더 집중할 수도 있습니다. 어떤 방식이든 아이가 책을 펼쳐 든다면 집중할 수 있도록 도와주세요.

제가 언제나 강조하는 것은, 특정한 법칙을 모든 아이에게 적용할 수 없다는 것입니다. 모든 교육은 맞춤형이어야 합니다. 책을 읽는다는 행위 자체가 혼자 하는 것이고 본인의 의지가 필요한 일이기 때문에 엄마들은 독서 문제에 늘 고민이 많습니다. 그래서 구체적인 계획 없이 아이에게 수십 권짜리 세계명작 전집이나 과학동화 전집을 덜컥 사서 안겨줍니다. 책장에 꽂혀 있으면 한 권이라도 읽겠지 싶은 마음과, 이 정도는 다 읽어야 적정한 독서량이 될 것이라는 막연한 의무감 때문이겠지요.

질보다 양에 집착하면 아이는 독서에 흥미를 느끼기도 전에 질려버립니다. 어른들도 도서관에서 수많은 책이 꽂혀 있는 모습을 보고 있으면 그 안에서 책 한 권을 꺼낼 엄두가 안 나잖아요. 아이들도 마찬가지입니다. 반드시 읽어야 하는 적정량이란 정해져 있지 않습니다. 단 한 권이라도 아이가 소화할 수 있는 방식으로 잘 읽히면 그것만으로 충분합니다. 아이가 독서에 흥미를 느끼고 스스로 찾아 읽을 수 있도록 도와주세요. 책 읽기가 재미있는 활동이라는 걸 깨닫게 되면, 시키지 않아도 알아서 필요한 독서량을 채우게 될 겁니다.

05

어려운 문제만 나오면
울어요

이제 3학년이 되는 아이의 엄마입니다. 아이가 수학을 싫어하는 것 같지는 않은데 쉬운 문제는 잘 풀다가도 어려운 문제가 나오면 울면서 힘들어해요. 더는 문제 풀이를 하지 않으려고 하는데 그래도 계속해서 문제를 풀게 해야 할까요? 이러다가 수학에 완전히 흥미를 잃을까 봐 걱정됩니다.

A 　아이가 말하는 '어려움'은 난이도의 문제가 아닐 수 있습니다. 어려운 문제 앞에서 힘들어한다면, 어떤 부분을 어려워하는지 잘 들여다봐야 합니다. 문제의 의미를 이해하지 못했을 수도, 자기가 잘하지 못하는 영역의 문제라 낯설다는 의미일 수도 있습니다. '어려우니까 못 풀겠다'라는 말을 단순히 '난이도'에만 초점을 맞춰 받아들여서는 안 됩니다. 어떤 점이 어려운지 차근차근 질문하고 대화해보세요.

　만약 특정 유형의 문제에 유독 어려움을 느낀다면 해당 유형의 문제가 조금 더 쉽게 출제된 문제집을 찾으세요. 난이도가 맞지 않아서 어렵다고 느끼면 풀 수 있는 문제를 계속 풀면 됩니다. 이런 단계에서는 어려운 것을 힘들게 극복하여 뛰어넘는 것이 중요한 게 아니라, 문제를 스스로의 힘으로 이해하고 해결했다는 성공 경험을 느끼게 해주는 것이 더 중요합니다. 수학에 완전히 흥미를 잃지 않으려면 '할 수 있다'는 자신감을 가질 수 있어야 합니다.

　또한 부모의 태도도 점검해보기 바랍니다. 문제를 틀렸거나 머뭇거릴 때 부모가 옆에서 화를 내거나 고성을 지른다면 아이의 마음은 완전히 닫힐 수도 있어요. 이런 경우 아이는 사실 문제가 어려워서 못 푼다기보다 틀렸을 때, 혹은 제대로 풀지 못했을 때 부모가 화를 내고 언성을 높일까 봐 두려워 손을 놓아버렸을 가능성이 높습니다.

'이 문제를 맞힐지, 틀릴지 확신이 없어. 틀리면 엄마는 내게 화를 낼 거야. 그냥 아예 못 푼다고 해야지.'

생각이 이렇게 이어지면 아이는 계속해서 위축되고 문제를 풀려는 의지가 약해지고 맙니다.

부모가 자신의 감정을 컨트롤하는 게 먼저입니다. 아이를 다그치지 마시고 충분한 시간을 주세요. 문제를 잘 풀다가도 특정 문제에서 막힌다면 그 문제는 건너뛰면 됩니다. 그렇게 풀지 못한 문제들은 모아뒀다가 시간이 지나고 난 뒤 다시 도전하게 해보세요. 여름방학에는 풀지 못했던 문제들이 겨울방학에는 새롭게 보일 수 있습니다. 아이의 뇌는 계속 성장하고 있으니까요.

풀지 못하는 문제가 많아진다고 해서 '우리 아이가 수학적 재능이 없네'라고 단정 짓지 마세요. 지나친 비약입니다. 수학적 재능은 문제 몇 개로 판단할 수 있는 것이 아닙니다. 수학이라는 과목 안에서도 연산, 추리, 개념, 응용, 사고력 등 다양한 영역이 존재합니다. 이런 영역 가운데 아이가 잘하지 못하는 부분이 생길 수 있습니다. 경우의 수는 잘 풀지만 연산은 잘하지 못할 수 있어요. 이건 취약한 분야가 있는 것이지 수학적 재능이 없다는 얘기가 아닙니다.

취약한 분야에서 한 번 막혔던 문제를 두고 스스로 얼마나 치열하게 고민하느냐에 따라 실력은 달라집니다. 우리가 길을 잃었을 때 지도를 보고 혼자서 열심히 찾아가면 다음에 같은 곳에 갈 때 절대 헤매지 않듯, 수학 문제도 마찬가지입니다. 조금 어려워한다고 곧바로 정답지를 들추지 마세요. 스스로 고민하는 과정 없이 설명만 들으면 같은 유형의 문제를 다음에 또 틀리게 됩니다.

무엇보다 다그치지 말고 충분한 시간을 주세요. 아이는 배워 가는 과정에 있습니다. 모르는 것, 못 푸는 문제가 있는 것은 너무나 당연하고 자연스러운 일입니다.

06

숫자 감각 없는 아이,
어떻게 공부시켜야 하죠?

아이가 숫자에 대한 감각이 없는 것 같아요. 수에 대한 개념
도 안 잡혀 있어서 구구단 같은 것부터 힘들어하는데, 이런
상태에서 연산수학을 계속 풀게 해줘야 할까요?

A 숫자는 눈에 보이지 않는 추상적인 개념이기 때문에 아이가 이해하기 어려울 수 있습니다. 이럴 때는 아이의 학년이나 연령에 꼭 맞춰야 한다는 생각을 버리고 은물 같은 유아용 교구를 적극 활용해보는 것이 좋습니다. 그래도 초등학생인데 유아용 교구라니 너무하는 것 아니냐고요? 교구는 학습의 기초적인 바탕이 되는 개념을 이해하는 데 도움을 주는 수단일 뿐입니다. 유아는 유아용, 초등학생은 초등용을 써야 한다는 고정관념을 버리세요. 무엇이 됐든 이해를 돕는 데에 유용하다면 틀에 갇히지 말고 시도해보세요.

막대기를 열 개씩 모아놓고 10 단위로 10, 20, 30, 40을 세는 단순한 것이라도 좋습니다. 숫자에 대한 기초적인 개념을 이해시키기 위해서는 시각적인 도구만 한 게 없습니다. 어린아이들이나 쓰는 거라고 무시하거나 자존심 상해할 필요가 없습니다. 숫자를 왜 이해하지 못하냐고 꾸짖어봤자 문제는 해결되지 않아요. 우리는 항상 아이의 눈높이에 맞춰서 생각해야 합니다.

가로 10cm, 세로 10cm짜리 사각형 안에 가로 1cm, 세로 1cm짜리 정사각형이 몇 개나 들어갈까요? 이 문제는 10x10＝100, 즉 100개의 사각형을 만들 수 있다는 답을 얻을 수 있지만, 숫자 개념이 전혀 잡혀 있지 않다면 이런 간단한 문제도 수식으로 만들기 어려울 수 있습니다. 이런 경우에는 실제로 가로, 세로 10cm짜리 색종이를 직접 잘라보면서 깨닫게 해줘야 합니다. 손으로 직접 만져보고 잘라보면서 시각적으로 보여주면 아이는 금방 이해합니다.

아직 어리기 때문에 이렇게 하나씩 체험하는 방식으로 이해시킬 시간이 충분히 있습니다. 그러니 초조해하지 않으셔도 됩니다. 제대로 이해하지 못하고 넘어가는 부분이 계속 쌓이면 그다음 단계를 이해하는 것은 더 힘들어지므로, 절대 조급해하지 말고 단계별로 습득하게 해주세요.

07

곧 중학생이 되는데
수학을 너무 못해요

이제 곧 중학생이 될 아이인데 여전히 수학에 대한 이해도가 떨어지는 것 같아요. 연산 공부를 더 시켜야 할까요, 아니면 이해 못 한 부분들을 부지런히 복습시키는 게 좋을까요?

'수학에 대한 이해도'라는 말은 굉장히 모호합니다. 수학에도 여러 영역이 있습니다. 연산이 안 돼서 문제를 못 풀었는지, 개념이 안 잡혀서 못 풀었는지, 응용이 안 되는 것인지를 먼저 파악해야 합니다. 수학에 대한 이해도가 아니라, 수학의 어느 영역에 대한 이해도가 낮은지를 알아야 한다는 것입니다.

수학을 못한다는 것이 곧 수학의 모든 영역에 대한 이해도가 떨어진다는 뜻은 아닙니다. 분명 어떤 영역의 문제는 무난하게 잘 푸는데 특정 영역에서 막혀 유난히 어려워할 거예요. 이때 어려워하는 분야가 무엇인지 제대로 파악되지 않으면 막연하게 '우리 애는 수학을 못하나 보다' 생각하며 손을 놓게 될 수 있습니다.

수학시험은 어디서 주관하든 해당 문제가 연산 문제인지, 개념 문제인지, 응용 문제인지 표기되어 있습니다. 그래서 틀린 문제만 모아봐도 주로 어떤 영역에서 많이 틀리는지 금방 알 수 있습니다. 부족한 영역을 정확히 파악한 뒤 그 영역을 부지런히 복습시키는 게 중요합니다. 수학 점수가 잘 안 나온다고 해서 무작정 연산만 반복해서는 나아지기 어렵습니다. 연산만 반복해서 풀면 연산 실력은 조금 나아질지 몰라도 여전히 다른 부분은 해결이 안 된 상태로 머물기 때문에 수학 전반의 성적은 크게 향상

되지 못할 것입니다. 몸이 아픈 곳이 어딘지 정확히 알아야 제대로 치료할 수 있듯, 수학의 어떤 영역이 부족한지 파악하는 것이 우선입니다.

08

사고력수학,
꼭 해야 하나요?

주변에서 다들 사고력수학(CMS, 소마, 교구수학)을 하던데, 이게 꼭 필요한 건지 모르겠어요. 하는 게 좋을까요? 그렇다면 어떤 면에서 도움이 될까요?

A 　사고력수학은 말 그대로 '생각하는 능력'을 키워주는 수학입니다. 사고력수학을 하면 생각이 좀 더 유연해지고 다양한 측면에서 응용할 수 있다는 장점이 있지요. 뇌를 확장시켜주는 자극의 측면에서 나이가 어릴수록 효과는 좋을 수 있습니다.

　그런데 아이들은 초등학교 3학년만 지나도 사고력수학을 아주 어렵고 지겨운 문제로 받아들입니다. 여덟 살만 되어도 어렵다고 느끼기 시작해요. 아주 어릴 때 학습과 놀이의 경계가 불분명한 시기에는 직접 교구를 만지면서 자연스럽게 습득하지만, 초등 입학 이후 갑자기 사고력수학을 접하면 받아들이기가 쉽지 않은 거죠.

　일단 초3 때부터 수학이 본격적으로 어려워지기 시작하면, 아이들은 제학년 진도를 따라가는 것에도 부담을 느낍니다. 그런데 사고력수학이라는 이름으로 현재 진도보다 더 고민을 많이 하고 다양한 생각이 요구되는 문제들을 접하면 당연히 과부하가 걸리지 않을까요?

　모든 솔루션의 기본 전제는 '우리 아이가 어떤 아이인지 먼저 파악하는 것'입니다. 아이가 기본적인 연산도 힘들어하는데 거기에 사고력수학까지 얹는다면 과연 그걸 소화할 수 있을까요? 수학을 재미있어하고 호기심이 많다면 사고력수학이 생각을 확장해주고 긍정적인 영향을 줄 수 있을 겁니다. 그런데 가뜩이나 수학을 어려워하는 아이에게 '다른 아이들도 하니까 너도 해야 한다'라며 시킨다면 어떻게 받아들일까요?

항상 내 아이가 기준이 되어야 합니다. 내 아이가 어떤 아이인지 알고 그에 맞춰서 가야 합니다. 아이들은 모두 다릅니다. 타인을 기준으로 삼고 따라가지 않도록 주의하세요.

09

더 늦기 전에
코딩을 배워둬야 할까요?

요즘 여기저기서 4차 산업혁명이니 뭐니 하는 말이 들립니다. 정말로 세상이 많이 달라지고 있다는 게 피부로 느껴지기도 하고요. 앞으로 달라질 세상에 우리 아이가 잘 대응하려면 무엇을 준비해야 할까요? 코딩을 배워야 할까요?

A 코딩은 필수 과목이 아닙니다. 의무감에 시키지 말고 언젠가 기회가 생기면 자연스럽게 접하도록 하는 게 좋습니다. 4차 산업 사회에서 필요한 인력이 꼭 개발자에만 한정되어 있지 않습니다. 휩쓸리지 마시고 아이의 특성에 맞는 교육을 시키세요.

코딩에 대한 수요가 점점 늘고 있고 너도나도 코딩 학원에 다니고 코딩 책을 사서 읽힌다고 합니다. 물론 코딩 능력은 IT 기반의 산업사회에서 알아두면 유용한 좋은 기술입니다. 그러나 코딩을 배우면서 재미를 느끼고 실력을 향상시키려면 어느 정도의 재능이 필요합니다. 아이가 이과적인 재능이나 수학적인 지능이 많이 낮고 흥미가 전혀 없는데 무턱대고 코딩을 가르치면 과연 제대로 배울 수 있을까요?

급작스럽게 붐이 일기 시작하는 것에 대해서는 어느 정도의 경계가 필요합니다. 어떤 교육이든 한쪽으로만 쏠리면 거기에 함정이 있게 마련이죠. 너도 나도 한다고 우리 아이도 해야 하지 않을까 불안해하지 마세요. 무엇보다 중요한 것은 아이에게 맞는 교육인지, 아닌지를 판단하는 겁니다. 잘하고 좋아한다면 굳이 말릴 이유는 없지만, 아이가 원하지 않고 잘할 수 없는 분야라면 굳이 억지로 배울 필요가 없습니다.

10

AI 기술이 대세라는데,
이공계 머리가 없으면 어쩌죠?

아이는 우리와 다른 세상에 살 거라고 하는데 요즘 사회를 보면 대세는 AI 기술인 것 같아요. 아무래도 미래를 생각하면 이공계로 진학해야 할 것 같은데 아이가 이쪽에 재능이 없으면 어쩌죠?

A 　미래는 AI 기술의 시대가 될 것이라는 말도 맞지만, '전문가의 시대'이기도 합니다. AI 기술이 중요하다고 모두가 그에 관련된 공부만 한다면 사회는 균형을 잃겠지요. 반드시 그 외의 다양한 영역에서도 필요한 인재가 생깁니다. 특정 분야가 대세라고 해서 그 분야에만 집중하기보다 내 아이가 잘할 수 있는 영역의 전문가가 될 수 있도록 돕는 게 더 바람직합니다.

　스스로 흥미를 느끼지 못하는 분야에서 전문가가 될 수는 없습니다. 기본적으로 그 분야를 좋아하고 재미를 느껴야 발전할 수 있습니다. 아이가 자기만의 색깔을 발휘할 수 있는 영역이 있는지 찾아보고 개척하세요. 문과, 이과라는 틀에 갇히지 말고 폭넓은 가능성을 생각해야 합니다.

　예를 들어, AI 기술의 시대에 무엇보다 중요한 것은 빅데이터입니다. 인공지능 기술은 기본적으로 데이터를 기반으로 발전하기 때문이지요. 데이터 전문가는 문과적 재능과 통계적 기술을 갖춰야 합니다. 반드시 코딩을 배울 필요도 없지요. 아이에게 미래는 무한한 가능성이 펼쳐진 무대입니다. 특정 영역의 길을 아이에게 강요하지 마세요.

　오히려 아이가 소위 말하는 '덕질'을 하는 게 있다면 그 분야를 살리는 게 낫습니다. 그것은 분명 아이가 좋아하고 잘하는 것일 테고, 당장은 공부나 입시와 아무 상관이 없어 보이는 것일지라도 분명 아이의 미래에는 어떤 영향을 미치게 될 것입니다. 그 분야의 전문가가 될 수도 있고, 그것을 발판으로 AI 기술 시대에 필요한 새로운 인력으로 성장할 수도 있습니다.

아이가 살아갈 세상은 부모가 그려줄 수 없습니다. 부모는 목적지를 정해주는 사람이 아니라 지도를 그려주는 사람이어야 합니다. 목적지는 아이 스스로 정하고 찾아갈 수 있도록 도와주세요. 부모의 섣부른 판단으로 정해준 그 길을 걷게 되더라도, 나중에 자신의 길이 아니었다고 생각되면 아이가 느낄 좌절감과 낭패감은 이루 말할 수 없을 겁니다.

11

온라인 학습이
자기 주도 학습에 도움이 될까요?

자기 주도 학습의 중요성은 너무 잘 알고 있습니다. 그런데 엄마가 뭘 어떻게 해줘야 그런 습관이 생길지 모르겠어요. '아이스크림 홈런' 같은 온라인 학습이 과연 공부 습관 잡는 데 효과가 있을까요?

A 　결론부터 말씀드리면, 사이트 자체의 효과를 평가하기보다는 어떻게 활용하느냐가 더 중요합니다. 요즘 '밀크티'나 '아이스크림 홈런' 같은 자기 주도 온라인 학습 기기가 참 많습니다. 전 과목을 다루기 때문에 한 달에 지불해야 하는 비용이 적지 않음에도 많은 부모가 아이에게 공부 습관을 들여주고자 가입합니다.

　온라인 학습 기기의 경우 매일 일정 분량의 공부를 반복적으로 할 수 있도록 가이드 역할을 하는데, 여기서 중요한 것은 '매일 반복'하는 것입니다. 아이와 함께 시간을 정하고 매일 같은 시간에 일정량의 공부를 반복적으로 해야 공부가 '습관'으로 자리 잡을 수 있습니다.

　이때 온라인 수업을 게임하듯 중간에 멈췄다가 놀다가 다시 이어서 하는 식으로 해서는 안 됩니다. 반드시 주어진 수업 시간을 처음부터 끝까지, 진득하게 앉아서 이어갈 수 있도록 해야 합니다. 한 번 시작했으면 적어도 한 과목은 끝까지 제대로 끝내야 합니다.

　또한 이런 온라인 학습 기기는 '공부 습관 들이기'에 주 목적을 두고 있으므로 학습 난이도는 그다지 높지 않습니다. 교과 과정에서 제공되는 평균 수준을 넘지 않는 거죠. 간혹 경시대회 문제라고 해서 어려운 문제들이 나오긴 하지만, 아무런 맥락 없이 갑자기 난이도 높은 문제를 제시하는 식이기 때문에 단계적으로 학습 수준을 올리기에는 한계가 있습니다. 만약 자기 주도 학습 습관이 잘 자리 잡히고 조금 더 높은 수준으로 끌어올리고 싶다면 단계별로 분류된 문제집을 직접 풀게 하는 것이 좋습니다.

12

산만한 아이,
공부를 어디서 시킬까요?

다른 아이들은 어떤지 모르겠지만 저희 아이를 보면 유난히 집중력이 약하고 산만한 것 같아요. 좀 차분하게 짧은 시간이라도 집중할 수 있게 해주고 싶은데, 공부방에서 혼자 집중할 환경을 만들어주는 게 좋을까요? 아니면 거실처럼 오픈된 공간에서 집중력 훈련을 하는 게 좋을까요?

A 일단 알아두셔야 할 것은 집중력과 학습 능력은 별개가 아니라는 점입니다. 집중력이 낮은데 학습 능력은 뛰어날 가능성은 거의 없습니다. 집중력이 떨어지기 때문에 학습 능력이 떨어지고, 학습 능력이 떨어지기 때문에 집중력도 약한 것입니다. 따라서 최우선 과제는 집중력과 학습 능력을 같이 끌어올리는 거죠.

간혹 눈치가 빨라서 감으로 문제를 맞히거나 적당히 점수를 받는 아이들이 있는데 이런 방식이 통하는 것은 초등학교 6학년, 길면 중학교 2학년 정도까지입니다. 중·고등으로 올라갈수록 이런 꼼수는 통하지 않습니다. 그러니 조금이라도 어릴 때 엉덩이를 붙이고 앉아 집중할 수 있는 시간을 늘려줘야 장기적으로 학습 능력이 향상될 수 있습니다.

아이가 혼자 학습할 능력이 있는지, 없는지부터 파악해야 합니다. 스스로 공부하는 능력이 어느 정도 있다면, 공부방에서 혼자 집중할 수 있는 환경을 만들어주세요. 대신 보통 아이들보다 짧은 시간을 정해주고 중간에 쉴 수 있도록 합니다.

스스로 공부하기 어려워하는 아이라면 거실처럼 오픈된 공간에 있어야 합니다. 이런 아이들은 혼자 두면 공상에 빠지거나 뭘 해야 할지 몰라 시간을 제대로 활용하지 못합니다. 부모가 곁에서 아이를 지켜보면서 앉아 있는 시간을 정해주세요. 처음에는

266

짧게 정했다가 조금씩 늘려주면 됩니다. 대체로 집중력이 약한 아이들은 산만한 성향도 함께 갖고 있기 때문에 되도록 부모가 곁에서 지켜볼 수 있는 환경에서 공부시키는 것이 좋습니다.

13

유치원 가기 전엔
뭘 준비하면 좋을까요?

남들은 유치원 보내기 전부터 놀이학교니 영어학교니 여기저기 보내던데, 저는 그런 학원에 보낼 형편이 되지 않아요. 그렇다고 아무것도 하지 않고 손 놓고 있으려니 너무 불안합니다. 유치원에 가기 전에 집에서 뭘 준비할 수 있을까요?

A 재능을 일찍 찾으려면 언어와 수학을 익힐 수 있게 해주세요. 이 시기에는 아이를 집중적으로 관찰해야 합니다. 그 어떤 비싼 사교육도 아이를 세심하게 관찰하고 파악하는 과정 없이는 시간과 돈을 낭비할 뿐이지요. 일상의 구석구석을 관찰하면서 유치원에 들어가기 전까지 익혀야 할 가장 기본적인 부분만을 엄마와 함께 익혀나가면 됩니다.

대단히 어려운 말하기나 읽기, 쓰기, 연산이 아니라 한글과 숫자만 익혀둬도 유치원 이후의 학습에는 충분합니다. 해외여행을 가서도 아는 만큼 보이듯, 글자, 즉 한글을 알면 정보를 습득할 수 있는 폭이 넓어집니다. 한글을 알면 아이가 만화를 좋아하는지, 과학을 좋아하는지 파악할 수가 있습니다.

숫자 역시 어려운 연산까지 할 필요는 없습니다. 1부터 100까지 적힌 숫자판을 놓고 숫자 뛰어 세기 같은 기본적인 것만 할 수 있게 해주시면 숫자에 대한 거부감 없이 자연스럽게 다음 단계로 넘어갈 수 있습니다.

아이들의 지능은 6세에서 7세 사이에 결정된다고 하지만 절대적인 법칙은 아닙니다. 아무리 뛰어난 지능을 가진 아이라도 이후 적절한 자극을 받지 못하면 아이는 평범해집니다. 초등 저학년 아이들의 학습은 아직 쌓아온 것이 없기 때문에 조금만 소홀히 해도 떨어졌다가 또 조금만 공부하면 금방 올라옵니다. 그러다 고학년쯤 되면 학습 편차가 크게 벌어지기 시작하지요.

연령에 맞는 자극을 주는 것은 공부를 시키는 것과는 다른 개념입니다. 자극은 다양한 미디어나 놀이, 게임 등을 통해서 주는 것도 얼마든지 가능합니다. 수학적인 원리를 알게 하고 싶으면 스도쿠나 보드게임 같은 것을 활용해보세요. 지능이 완성되는 나이에 자극을 줘야 한다며 이때부터 억지로 앉혀놓고 공부를 시키라는 이야기가 아닙니다. 엄마의 노력에 따라 아이의 지능을 발달시킬 수는 있지만, 오로지 '학습'을 통해야 하는 것은 아니니까요. 즐겁게 놀며 다양한 자극을 주되 수행의 과정을 조금씩 높여가면서 그 시기를 허망하게 흘려보내지 않도록 주의하세요.

14

한글을 못 읽는데
영어유치원 보내도 될까요?

영어를 한 살이라도 어릴 때 접하게 해주고 싶어서 영어유치원 입학을 고민하고 있어요. 그런데 저희 아이가 아직 한글을 읽지 못해요. 한글을 모르는 상태에서 영어를 먼저 배워도 괜찮을까요?

A '영어와 한글 중 뭘 먼저 배워야 더 좋은가'에 대해서는 전문가마다 의견이 분분합니다. 따라서 무엇이 정답이라고 단정 지을 수는 없습니다. 다만 최대한 스트레스 없이 두 가지 언어를 배우게 하려면, 역시 아이의 성향을 기준으로 결정해야 합니다.

언어를 '학습'으로 받아들이는 아이가 있는가 하면 자연스럽게 '소통의 도구'로 받아들이는 아이가 있습니다. 학습으로 받아들이는 아이들은 한글을 먼저 제대로 익히는 것이 좋습니다. 이런 아이가 만약 영어유치원에서 영어를 먼저 배우고 한글을 뒤늦게 배운다면, 아이는 한글을 또 하나의 학습으로 받아들여서 스트레스를 받게 됩니다. 영어를 열심히 외워가며 겨우 익혔는데 일곱 살이 돼서 또 한글을 익혀야 하니, 아이 입장에서는 외워야 할 공부가 하나 더 생기는 격입니다. 게다가 한글은 영어보다 더 어렵습니다. 가령 글자 하나를 봐도 한글의 경우 한 글자를 쓰는 데 최대 세 가지 조합이 필요합니다. 반면 영어의 한 글자는 알파벳 한 글자로만 이루어져 있지요. 이런 아이들은 보통 언어에 대한 감각이 예민하지 않아 영어를 배우기도 쉽지는 않았을 겁니다. 그런데 그보다 더 어려운 한글을 공부하듯 배우려니 머리가 아픈 거지요.

언어에 재능이 있고 말하기를 좋아하며 외국인 선생님이랑 잘 맞는 유형이라면 영어유치원에 다니는 것도 좋습니다. 이런 아이들은 영어도, 한글도 자연스럽게 습득하며 어느 쪽도 크게 스트레스받지 않고 익힐 수 있을 겁니다. 다만 영어를 배우면서 한글에 노출시키는 것도 게을리하면 안 됩니다. 언어는 노출이 가장 중요합니다. 한글로 된 동화책을 꾸준히 읽어주고, 아이 스스로 소리 내어 읽게 하면서 감을 잃지 않게 해줘야 합니다.

영어를 먼저 시킬지, 한글을 먼저 시킬지 고민하기 전에 생각해봐야 할 것은 우리의 모국어는 한국어라는 점입니다. 어떤 방향이든 무엇이 한글을 제대로 익힐 수 있는 방향인가에 중점을 두고 고민해야 합니다. 한글은 앞으로 이루어질 모든 학습의 기초가 되는 언어입니다. 그 어떤 언어도 모국어보다 우선할 수는 없습니다.

15

저학년엔 좀 놀리고 싶은데 한편으로는 불안해요

아직 아이들이 초등 저학년이라서 너무 빡빡하게 공부시키고 싶지는 않아요. 하지만 그러면서도 다른 아이들 학원 다니고 공부하는 걸 보면 불안해지기도 해요. 초등 저학년 아이들에게 적정한 학습 시간은 어느 정도일까요?

A 타인을 비교 대상으로 삼으면 모든 게 무너집니다. 다른 아이들을 보면서 불안해하지 마세요. 자기 안의 완성도가 어느 정도인지 사람마다 다른데, 단지 다른 아이들이 무언가를 하고 있다고 해서 내 아이도 해야 한다는 불안에 시달릴 필요가 없습니다. 거듭 강조하지만, 내 아이와 다른 아이는 별개의 사람입니다.

타인이 기준이 된다는 건 '끝이 없다'는 말과 같습니다. 비교 대상은 끊임없이 이어지고 어디까지 따라갈지, 무엇이 맞는 길인지, 실패하면 어떻게 될지, 잘되면 또 무엇을 해야 할지 도무지 끝을 알 수 없는 기준들이 계속해서 만들어집니다. 그렇게 되면 부모와 아이 모두 쉽게 지칩니다. 아무리 많은 것을 해도 만족에 이르기 어렵습니다. 확고한 교육관을 세웠다면 엄마가 흔들리지 않고 일관성 있게 앞으로 나아가야 합니다.

초등 저학년이라 너무 가혹하게 공부시키기는 싫고, 그렇다고 마냥 놀게 할 수만은 없으니 불안감이 들기도 할 것입니다. 하지만 엄마가 그런 불안을 계속 안고 있으면 실컷 놀게 해주지도 못하고, 치열하게 공부를 시키지도 못합니다. 이도저도 아니게 돼버리지요. 그러니 일단 아이가 무엇을 좋아하는지부터 확인하세요. 아이가 좋아하는 것을 더 잘하도록 도와준다는 생각을 갖는 게 좋습니다.

아이들마다 공부에 집중할 수 있는 시간은 다 다릅니다. 어떤 아이는 20분, 어떤 아이는 두 시간이 될 수 있지요. 어느 쪽이 맞다, 틀리다 할 수 없습니다. 다만, 적어도 학교 수업 시간만큼 이라도 집중하고 들을 수 있도록 45분이라는 학습 시간을 설정해 훈련하면 좋습니다. 방과 후에 집에 돌아와 딱 45분만 집중해서 공부하는 습관을 들이면 수업 시간 집중력 향상에도 도움이 될 거예요.

16

공립초와 사립초,
결정을 못 하겠어요

초등 입학을 앞두고 고민이 많아지고 있어요. 공립초등학교는 아무래도 아이들을 한 명, 한 명 세심하게 케어하지 못할 것 같아서 사립초등학교를 보내야 하나 생각 중입니다. 공립초와 사립초는 어떤 점이 어떻게 다른가요? 비용과 거리 역시 고려하지 않을 수 없어서 갈팡질팡하고 있습니다.

A 공립초는 아시다시피 사립초에 비해 정원이 많습니다. 선생님 한 명당 관리해야 할 아이도 많다는 의미지요. 사립에 비교하면 상대적으로 케어가 세심하지 않다고 느낄 수도 있습니다.

공립초는 하교 시간이 매우 빠릅니다. 초등학교 2학년 때까지는 거의 매일 12시 40분에 끝나고 3학년이 되어서야 오후 2시 넘어서 끝나는 날이 이틀 정도 생깁니다. 따라서 엄마와 보내는 시간이 많아집니다. 유치원에 비해서도 세 시간 정도 빨리 하교하니 맞벌이 부부에게는 또 다른 돌봄처를 찾아야 하는 문제가 생길 수 있습니다.

그런 점 때문에 맞벌이 부부들은 사립초를 선호하는 경향이 있습니다. 정원이 적어서 아이에 대한 세심한 케어가 가능하고, 방과후교실 프로그램이 다양해서 학교 안에서 보내는 시간이 많습니다. 다만 사립초등학교에 보낼 때 주의해야 할 점이 있습니다. 사립초는 학교별로 개성이 뚜렷합니다. 어떤 학교는 언어를 잘하는 아이들에게 유리하고, 어떤 학교는 독서나 예체능, 어떤 학교는 수학이나 한자에 특화되어 있습니다. 학교별 특성을 정확하게 파악한 뒤 우리 아이와 맞는 학교는 어디일지 신중하게 고민해야 합니다.

운 좋게도 집에서 가까운 곳에 딱 맞는 사립초가 있다면 좋겠지만, 공립에 비해 그 숫자가 현저하게 적기 때문에 쉽지 않을 겁니다. 보통은 스쿨버스가 아이들을 픽업하는데, 긴 구간을 순회하기 때문에 어떤 경우 굉장히 일찍 버스를 타러 나가야 할 수도 있습니다. 스쿨버스가 7시 10분에 온다면 아이는 적어도 6시에 일어나 아침을 먹고 준비를 마치고 나가야 합니다. 학교에서 집까지 매일 왕복 두 시간이 걸린다면 아이도 상당히 힘들겠지요.

또한 중학교는 집에서 가까운 곳에 배정받기 때문에 입학했을 때 교우 관계에 세심한 관심을 기울여야 합니다. 다른 아이들은 초등학교 때부터 이어온 친구들이 있는데 멀리 있는 사립초에 다니다가 집 근처 중학교로 왔으니 아는 친구가 전혀 없어 어려움을 겪을 수도 있습니다.

사립초등학교를 선택할 때는 이런 다양한 요소들을 고려하여 고민해야 합니다.

17

입시 제도가 자꾸 바뀌는데
어떻게 대처해야 하나요?

초등 3학년 아이를 키우고 있는데 매번 달라지는 대학 입시 제도 때문에 혼란스럽습니다. 입시 제도가 바뀔 때마다 아이의 교육 방향도 달라져야 할까요?

달라지는 입시에 매번 맞춰서 교육하다가는 낭패를 볼 수 있습니다. 말씀하신 대로 입시 제도는 늘 바뀝니다. 하지만 초등학교는 모든 것을 준비하는 씨앗을 뿌리는 단계이기 때문에 입시 제도 변화에 매번 장단을 맞출 필요가 없습니다.

초등 시기에서 보면 대학 입시는 굉장히 먼 미래이기도 하고, 하루라도 빨리 준비해야 할 코앞의 과제처럼 보이기도 합니다. 조금만 정신을 놓고 있다가는 '이미 늦었다'는 후회와 좌절을 겪게 될까 봐 두렵기도 할 것입니다.

그러나 아이들은 매 학년마다 다른 입시를 치릅니다. 입시 제도가 매년 달라지는데 지금 초등학교 3학년인 아이가 어떤 입시를 치르게 될지 과연 알 수 있을까요? 예를 들어 내년부터 생기부가 중요해진다고 해서 부지런히 생기부에 기록될 외부 활동에 몰입했는데, 갑자기 다음 해에 '생기부 말고 내신성적이 중요해진다'라고 하면 그동안 했던 준비들은 물거품이 됩니다. 반대로 내신이 중요하다고 해서 열심히 학교 성적 올리기에만 열중했는데 갑자기 논술과 면접이 중요해진다고 하면 어떻게 될까요?

이때마다 부모는 이리저리 휩쓸리고 아이는 혼란만 겪게 될 겁니다. 초등 시기에는 좀 더 멀리, 폭넓게 보는 게 중요합니다. 작은 것에 일희일비하기보다는 입시 제도가 어떻게 바뀌든 흔들리지 않는 기초를 다지는 게 훨씬 중요합니다.

지금 가는 길이 적절하다고 생각된다면, 즉 아이에게 맞는 방식이라고 생각된다면 계속해서 그 길을 가시면 됩니다. 초등 시기는 씨앗이 썩었는지, 아닌지만 골라내면 되는 시기입니다. 이 씨앗이 앞으로 잘 자랄지를 고민할 필요는 없습니다. 그건 누구도 알 수 없습니다. 입시 변화에 연연하지 마시고 아이의 발달 단계에 맞춰 꾸준하게 자신의 길을 만들어나가길 바랍니다.

18

너무 내성적인 아이,
반장이라도 시켜야 할까요?

아이 성격이 굉장히 내성적이어서 친구도 많지 않고 낯을 많이 가려요. 학년이 올라갈수록 다양한 활동을 해야 할 것 같은데 성격이 너무 내성적이라서 걱정됩니다. 일부러 반장 같은 걸 시켜서 리더십도 키우고 활발한 성격으로 발전시켜주는 게 좋을까요?

A 자리가 사람을 만든다는 말, 한 번쯤 들어보셨을 겁니다. 누군가 나를 '아줌마'라고 부르면 나는 아줌마가 되고, 누군가 나를 '대표님'이라고 부르면 나는 대표가 되죠. 단순히 '호칭'의 문제가 아니라 '공동체 안에서 어떤 역할을 부여받느냐'의 문제입니다.

역할을 부여받고 그 역할을 수행한다는 것은 굉장히 중요하고 유익한 경험입니다. 특히 성격이 내성적이고 교우관계도 넓지 않다면 반장이나 부반장 같은 활동으로 경험의 폭을 넓혀주는 것도 좋은 방법입니다. 물론 아이가 가진 기본적인 성향이나 성격이 이런 활동으로 인해 완전히 뒤집히지는 않을 것입니다. 다만 반장이나 부반장을 맡게 되면 본인이 원하지 않아도 선생님이나 친구들과 더 자주 소통할 수밖에 없기 때문에 해야 할 일을 하기 위해 자신을 둘러싼 벽을 깨는 계기가 될 수 있습니다.

지금은 학교라는 울타리 안에서 보호받고 있지만, 훗날 사회에 나가면 누구나 사회생활을 하게 됩니다. 장기적인 관점에서 봐도 학교 안의 교우관계를 넓히고 소통의 기술을 익히고 리더로서 책임감도 배울 기회가 된다면 반장이나 부반장을 마다할 이유가 없습니다.

그런데 내성적인 아이들은 친구들 사이에서 인기 있는 아이는 아니기 때문에 투표로 선출되는 반장에 당선될 확률이 낮지요.

저의 큰아이의 경우 공부는 잘했지만 성격이 내성적이고 친구가 많지 않아서 중학교 때까지는 반장을 해본 적이 없었습니다. 하지만 전교 학생회장, 부회장은 역임했습니다. 그게 어떻게 가능할까요? 반장은 학급의 장을 뽑는 것이기 때문에 항상 같이 생활하는 같은 반 친구들의 호감도나 지지가 절대적으로 중요하다면, 전교 학생회장은 전 학년 학생들이 투표하기 때문에 선거운동만 잘하면 얼마든지 당선될 수 있습니다. 인기나 성격보다는 당찬 연설과 공약으로 승부할 수 있었으니 도전할 만했던 것입니다. 내성적인 아이가 반장이 될 가능성이 낮다면 이렇게 다른 전략으로 리더가 되어 다양한 활동을 하며 경험을 늘려줄 수 있습니다.

주의해야 할 점은, 아이가 그 역할을 수행하면서 극도의 스트레스를 받거나 고통스러워한다면 절대 강요해서는 안 됩니다. 반드시 리더가 되고 리더십을 키워야 다양한 경험을 할 수 있는 것은 아닙니다. 무엇이든 아이 스스로 받아들일 수 있을 때 해야 합니다.

19

에너지 발산하라고
운동시켰더니 에너지가 폭발해요

초등 4학년 남자아이를 키우는 엄마입니다. 어릴 때부터 아이가 굉장히 활동적인 운동을 좋아했는데 남자아이니까 자연스럽게 생각하고 에너지 발산 차원에서 태권도나 축구 같은 운동을 시켰어요. 그런데 어찌 된 일인지 에너지가 소진되기는커녕 점점 더 강해지는 느낌이에요. 차분하게 공부에 집중할 수 있어야 할 텐데, 운동을 계속 시켜야 할까요? 요가나 명상 같은 걸 시켜야 차분해질까요?

A 아이가 좋아하고 잘하는 게 공부와 동떨어진 거라 고민이 많겠지만, 중요한 건 '좋아하고 잘하는 게 있다'는 겁니다. 이미 하고 있는 활동과 상반된 활동을 시켜서 에너지를 중화하겠다는 건 그리 좋은 방법이 아닙니다. 그보다는 아이가 좋아하고 잘하는 걸 어떻게 활용할 것인가를 고민하길 권합니다.

가령 태권도를 잘한다면 몇 단 이상 땄을 때 태권도장 관장이 될 수 있습니다. 실용적인 측면에서 활용이 가능하다는 것입니다. 기왕 어느 정도를 넘어섰다면 그것을 아이의 특기로 발전시키는 것도 좋은 방법입니다. 또한 아이와 함께 그것에 대해 대화할 수 있는 기회도 만드는 게 좋겠지요. 축구를 좋아하는 아이라면 부모가 함께 챔피언스리그를 보면서 아이의 관심사를 공유한다면, 아이와의 유대관계도 좋아지고 게임 같은 매체에 빠지는 것도 예방할 수 있습니다.

에너지가 소진되지 않고 강화된다면 그것은 아이의 타고난 성향이 그런 것이므로 억지로 중화하려고 하지 마세요. 태권도나 축구를 하지 않는다고 해서 그 시간에 아이가 공부를 할 리가 없지요. 타고나기를 에너지가 넘치는 아이인데 요가나 명상을 억지로 시킨다면 아이는 얼마나 고통스러울까요. 본인의 기질과 맞지 않는 걸 부모의 뜻 때문에 하게 되면 반감만 커질 뿐입니다.

아이에게 극적인 변화나 반전을 기대하지 마세요. 초등 과정은 '많은 것이 발전하는 시기'이지 '모든 걸 완성하는 시기'가 아닙니다. 따라서 단번에 눈에 띄는 변화가 이루어질 수 없습니다. 초등학생에게 시간은 많습니다. 천천히 생각하고 천천히 움직이세요.

'아이가 너무 내성적이니 활동적인 걸 시켜야 할까?', '아이가 너무 에너지가 넘치니 정적인 걸 시켜야 할까?', 이런 고민을 하기 전에, 아이의 성격이나 성향을 먼저 들여다보세요. 모든 걸 중간 정도의 평균치로 만들어버리면 아이의 개성은 사라집니다. 아이가 꿈꾸는 걸 막지 마세요. 아이가 바라는 인생과 부모가 바라는 인생은 다를 수 있습니다.

20

학원에서 눈치 없이
질문만 하는 아이, 어쩌죠?

아이가 학원에서 질문을 엄청 잘한다기에 대견하고 기특하게 생각했습니다. 그런데 그 정도가 다른 아이들을 방해할 정도로 심해서 선생님도 곤란해한다는 사실을 알게 됐어요. 모르는 걸 질문하고 당당하게 의사 표현하는 건 좋지만, 그 정도가 좀 지나쳐서 선생님과 학원 친구들의 원성을 사고 있으니 걱정이 됩니다. 어떻게 해야 할까요?

A   자신의 행동이 다른 사람을 불편하게 하거나 방해하고 있다는 것을 모르고 있을 수 있습니다. 이럴 때는 아이의 눈높이에 맞춰 알려주는 게 무엇보다 중요합니다. 무턱대고 '학원에서 질문하지 마. 너 때문에 다른 애들이 뭐라고 하는 줄 아니?'라고 혼내면 아이는 상처받습니다. 수업 시간에 질문하고 대답도 잘하는 게 좋은 건 줄 알고 나름대로 열심히 한다고 그랬는데 부모에게 혼난다면 다시는 질문도, 의사 표현도 하지 않으려 들지도 모릅니다.

아이의 행동이 다른 사람에게 어떻게 비치는지 알게 하려면, 아이 앞에서 아이의 행동을 똑같이 따라 해보세요. 일종의 '미러링'이죠. 아이가 중요한 말을 하고 있을 때 자꾸 말을 끊으며 엉뚱한 질문을 던져보고, 맥락을 끊고 아이 말과 전혀 다른 질문을 해보세요. 아마 아이도 굉장히 답답할 겁니다. 그렇게 아이 스스로 뭔가 이상하다고 느낄 때 즈음, 이렇게 상대방 입장을 고려하지 않고 자기 말만 하는 건 주변 사람을 곤란하게 만드는 행동이라는 걸 설명해주세요.

자연스럽게 깨달을 수 있는 상황을 통해 교훈을 얻어야 개선될 수 있습니다. 아이는 아직 혼자서 역지사지를 제대로 할 수가 없습니다. 상황을 이해시키기 위한 적당한 미러링은 몸소 교훈을 체득하는 좋은 방법이 됩니다. 아이를 가르치고 교육할 때는 두 배 이상 생각하고 고민해야 합니다. 말로만 이렇게 해라, 저렇게 해라, 해서는 그저 스쳐 지나가는 잔소리에 그치기 쉽지요. 스스로 깨닫는 것만큼 좋은 교육은 없습니다. 적절한 상황을 만들어 보세요.

21

아이가 자꾸
수업을 방해해요

담임선생님 면담을 하러 갔다가 아이가 수업 중에 자꾸만 선생님 말을 끊고 자기가 설명하려 한다는 얘기를 들었어요. 수업에도 방해가 되고 선생님도 걱정이 많으신데 가정에서 어떻게 지도해야 할까요?

A 　아마도 아이는 인정욕구가 아주 강한 성향일 겁니다. 선생님이 아는 것을 자신도 알고 있고, 심지어 자신이 더 잘 알고 있다고 믿으며 그것을 인정받고자 하는 마음이 클 거예요. 이런 아이의 경우 가정에서 칭찬을 많이 받고 자랐을 가능성이 높습니다. 칭찬은 물론 나쁜 게 아닙니다. 하지만 칭찬에도 원칙이 있어야 합니다. 뭔가를 잘했다고 무작정 칭찬하면 아이는 자신이 수행한 '결과'가 우수해서 칭찬받았다고 생각합니다. '내가 정답을 맞혀서', '내가 시험을 잘 봐서', '내가 그림을 잘 그려서' 칭찬받았다고 인지하면 정답을 맞히고 시험을 잘 보고 그림을 잘 그리게 되기까지 어떤 과정을 거치든 '칭찬받는 결과'에만 집착하게 됩니다. 수업 중에 선생님의 말을 끊는 것이 수업에 어떤 영향을 미치는지에 대해서는 생각하지 않고, 선생님보다 잘 설명할 수 있는 지식을 뽐내는 데만 집중하는 거지요.

　따라서 이런 경우 칭찬의 이유를 명확히 알려줘야 합니다. 좋은 점수를 받았기 때문에 칭찬하는 것이 아니라, 그 점수를 받기 위해 공부하고 애쓴 노력에 박수를 보내줘야 합니다. 그림을 잘 그렸다고 칭찬하는 것이 아니라, 그림의 어떤 점이 훌륭한지 구체적으로 짚어줘야 합니다. 그래야 수업 중에 자신의 지식만 뽐내는 것이 칭찬받을 일이 아니란 걸 알게 됩니다.

오히려 선생님의 말을 끊고 수업의 흐름을 끊어서 다른 사람에게 피해를 주고 있으며 이것은 결코 칭찬받을 일이 아니라는 걸 명확하게 알려주세요. 같은 반 친구들은 선생님의 수업을 듣기 위해 교실에 앉아 있는 것이지, 또래 친구의 설명을 들으러 온 것이 아니라는 것을 알게 해주세요.

대학교수에 박사학위도 있는 사람이 아무 데서나 소리 지르고 침을 뱉는 등 예의에 어긋난 행동을 하면 과연 그 사람을 존경할 만한 학자로 생각할 수 있을까요? 이것은 기본적인 예의에 대한 문제입니다. 아무리 아는 게 많아도 모두가 함께 생활하는 학교나 사회에서는 반드시 상대방의 동의를 구하고 이야기해야 한다고 말해주세요. 선생님의 설명을 끝까지 듣고 선생님의 목소리가 필요한 다른 아이들을 위해 기다려주는 사람이 훌륭한 사람이라는 것을 가르쳐주세요.

22

사춘기 때 공부를
놔버릴까 봐 걱정입니다

요즘 아이들은 사춘기가 빨리 찾아온다고 합니다. 벌써부터 아이의 사춘기를 어떻게 보내야 할지 걱정이 되네요. 사춘기 때는 지나치게 무기력하거나 반항적으로 변한다는데, 지금까지 잘해오던 공부를 갑자기 놔버리지 않을까 불안합니다.

A 아이가 공부를 놔버릴까 봐 걱정하기 전에, 우선 부모가 아이를 놓지 않아야 합니다. 사춘기가 오면서 아이가 갑자기 변하고 통제가 안 된다고 느낄 때 부모들은 종종 아이를 포기하곤 합니다. 부모의 힘으로 어쩔 수 없다 생각하고 그냥 내버려두게 되는 거지요. 하지만 아무리 힘들고 고통스럽더라도 부모는 아이 곁을 끊임없이 맴돌면서 지켜봐야 합니다. 이 시기에 아이와의 거리가 멀어지면 나중에 다시 회복하기란 정말 어렵습니다. 언제든 아이가 다시 손 내밀 때 그 손을 맞잡을 준비가 되어 있어야 합니다.

어떤 어머님은 아이가 아이돌 공개방송에 다니는 걸 보고 보호자 명분으로 계속 따라다녔다고 합니다. 당연히 아이와 친구들은 너무 싫어했지요. 하지만 엄마는 굴하지 않고 공개방송에 함께 다녔고, 나중에는 엄마도 아이돌 멤버의 히스토리를 줄줄 읊게 되었습니다. 그러자 아이와의 대화 시간이 많아지고 친구처럼 말도 잘 통하게 됐다고 하더군요.

물론 모든 엄마가 아이돌 공개방송에 따라다닐 수는 없습니다. 다만 그만큼 아이의 관심사에 귀 기울여주고 공감해주라는 겁니다. 엄마와 사춘기 아이의 소통은 쉽지 않습니다. 때로는 징글징글하게 싸우고 서로를 미워하고 외면하고 싶을 때도 있지요. 그래도 절대 외면하거나 모른 척하지 마세요. 이 격한 시기를 잘 보내야 오랫동안 서로를 보듬어줄 수 있습니다.

이 모든 것을 실행할 각오가 되어 있다는 전제 아래, 공부를 놓지 않게 하려면 기존의 상태를 유지하는 것이 중요합니다. 지금까지 해오던 패턴을 그대로 유지해 일상이 깨지지 않도록 해야 합니다.

기차의 1번 칸에서 10번 칸까지 내려가게 될 수도 있습니다. 하지만 같은 기차를 타고 있다는 사실은 변함이 없습니다. 결국 같은 곳에 같이 도착할 겁니다. 그런데 이 기차에서 내려버리면 다른 기차를 타야 합니다. 타고 있던 기차는 이미 떠나버렸으니 다음 트랙을 다시 처음부터 시작해야 하는 겁니다.

공부도 마찬가지입니다. 감정 기복이 심한 시기라서 공부에 매진하기가 어려울 수도 있습니다. 그렇다고 뭔가 새로운 걸 하거나 패턴을 바꾸는 등 더하고 빼기를 해서는 안 됩니다. 기존의 상태를 유지하는 것을 최우선 과제로 삼는 게 좋습니다.

다니던 학원이 있다면 성적이 떨어지고 있더라도 일단은 보내야 합니다. 아이가 안 가겠다고 고집을 부려 학원이나 과외를 그만두는 경우가 종종 있는데, 한번 끊어진 맥은 다시 잇기 어렵습니다. 특히나 사춘기 시기에는 더욱 그렇죠. 가서 멍하니 앉아 있기만 하더라도 늘 하던 대로 일상을 유지하게 하세요.

사춘기는 호르몬이 좌우하는 시기입니다. 부모가 그것을 대신 극복하거나 해결할 수는 없지요. 또한 시작과 끝이 명확하지도 않아요. 피를 말리는 이 시간이 언제까지 지속될지 알 수 없습니다. 그럼에도 우리는 아이를 포기해서는 안 됩니다. 부모에게는 어떤 순간에도 아이를 위로하고 보호해야 할 의무가 있으니까요.

아이와 나는 한 팀이었다

성적의 가속도를 올리는 엄마 아이 팀워크

초판 1쇄 발행 2020년 6월 15일 초판 4쇄 발행 2020년 7월 31일

지은이 최성현
펴낸이 연준혁

편집 1본부 본부장 배민수
편집 1부서 부서장 한수미
책임편집 곽지희
디자인 하은혜

펴낸곳 ㈜위즈덤하우스 **출판등록** 2000년 5월 23일 제13-1071호
주소 경기도 고양시 일산동구 정발산로 43-20 센트럴프라자 6층
전화 031)936-4000 **팩스** 031)903-3893 **홈페이지** www.wisdomhouse.co.kr

ⓒ 최성현, 2020

ISBN 979-11-90786-81-2 03370

이 도서의 국립중앙도서관 출판예정도서목록(CIP)은 서지정보유통지원시스템
홈페이지(http://seoji.nl.go.kr)와 국가자료종합목록시스템(http://www.nl.go.kr/
kolisnet)에서 이용하실 수 있습니다. (CIP제어번호: CIP2020021712)